U0571240

STUDY REPORT ON CHINA'S OIL
AND GAS REFORM

中国油气改革报告

范必 等 著

人民出版社

课 题 组

课题负责人：范　必

课题组成员：（按姓氏笔划为序）
王　进　王　越　付　姣　白　俊　刘永祥　杨　睿
大　伟　张利宾　张建锋　张海冰　张　萌　陈　睿
金爱伟　冼　良

参 加 讨 论：
曾兴球　张　抗　陈卫东　刘京生　徐以升

说明：课题组成员和讨论专家均以个人身份参加研究，相关分析和建议
不代表所在机构意见

　　范必，男，1968 年出生，博士。现任国务院研究室综合研究一司巡视员，2011 年起被聘为中国国际经济交流中心特邀研究员。主要从事宏观经济、能源、环境等领域公共政策和经济体制改革方面的研究。曾任职于国家发展改革委政策研究室、国家计委投资研究所，有二十多年从事政策研究的经历。近年出版了《中国能源政策研究》(中文版和英文版)、《供给侧改革》、《世界能源新格局》、《建设生态文明的美好家园》、《中国环境保护与社会发展》等著作。在国内专业期刊上发表了 70多篇论文。曾获得"全国青年优秀社科成果奖"，多次获国家发展改革委员会、国务院研究室、国家能源局、中国国际经济交流中心研究成果一、二、三等奖。

内容简介

　　这是一份由能源、经济、法律、公共政策专家倾力完成的独立研究报告，提出了油气"全产业链市场化改革"、油气法规"废改立"的建议。改革措施覆盖矿权出让、勘探开发、管网运输、流通、炼化等上中下游各个环节，以及政府、市场、企业三个维度，为读者勾画了一个公平竞争、开放有序、市场配置起决定性作用的现代油气市场体系。

前　言

　　油气体制改革是党中央、国务院确定的重大改革任务。受国家发展改革委基础产业司委托，由国务院研究室、国家发改委、国土资源部、北京大学等单位专家组成的课题组进行了专题研究。课题于 2014 年 10 月正式启动，2015 年 6 月完成。这次研究有以下几个特点：

　　一、坚持独立研究。课题组成员由能源、经济、法律、公共政策学者组成，均未在油气企业任职。课题组也未接受油气企业的经费支持，从而在组织上、经济上确保不受企业利益的影响。在研究中，课题组坚持从公共福利最大化的原则出发，提出改革的思路和建议。

　　二、注重问题导向与国际视野。报告从油气行业本身及其对我国经济发展全局、财富公平分配影响的角度，分析了存在问题，以及造成这些问题的体制原因。在研究改革思路时，将中国油气改革纳入国际油气格局的重大变化中进行考虑，借鉴国外油气发展经验，提出适应我国实际的解决方案。

三、采用新的改革研究方法论。为了满足改革顶层设计的需要，研究中采用了多种新的改革方法论。对政府和企业行为的研究，从计划经济体制与市场经济体制下的"典型行为"，进一步深入到分析体制亚型的"亚型行为"。对体制类型的判断，超出了传统的计划体制和市场经济的二分法，进行了"多重体制"特征的分析。在形成改革方案中，突破了传统条块分割体制下"点式改革"的思路，提出了"全产业链市场化改革"的方法。在调查研究方式中，不局限于传统的"重点调查"方法，而是采用了"尽职调查"方法。通过"准法律尽职调查"，建议废止8份规范性文件、删除4条规定、修改9部法律法规、制定15项新的法律规范。

四、注重政策建议的建设性和可操作性。报告提出了覆盖油气产业上中下游和企业、市场、政府的8项政策建议。根据不同改革的难易程度和内在逻辑关系，提出了改革的实施步骤。对涉及油气的政府职能、政策法规进行梳理，对政府部门职能需要作哪些调整、改革措施由哪些部门落实、政策法规哪些需要废改立，提出了具体意见。对未来油气改革成效进行了预估。

五、充分考虑改革中各参与方的关切。为了使本次油气改革研究提出的措施符合实际、具有可行性，课题组在成立之初就书面征求了中国石油天然气集团公司（以下简称"中石油"）、中国石油化工集团公司（以下简称"中石化"）、中国海洋石油总公司（以下简称"中海油"）、陕西延长石油集团公司（以下简称"延长石油"）等企业对改革的建议，邀请这些企业的代表，国土资源部、国家能源局的相关负责同志，以及油气行业的一些专家进行座谈，掌握各参与方的诉求。课题组认为，油气改革不是零和游戏，而是要实现各方共赢。因而在研究改革思路和措施时，充分考虑各利益主体的承受能力，并尽可能提出使各方在改革中都能增加收益、都能接受的方案。

报告各章节主要执笔者：《总论》，范必；第一章《世界与中国油气产业的发展》，冼良、王越、杨睿；第二章《中国油气产业发展存在的主要问题》，杨睿、冼良；第三章《制约油气行业健康发展的体制原因》，冼良、张大伟、王进、王越、张萌、付姣；第四章《油气体制改革总体思路》，范必；第五章《深化油气体制改革政策建议》，冼良、张大伟、王进、王越、张萌、付姣；第六章《油气法规的废改立》，张利宾；第七章《附件》，王越、张萌。陈睿、刘永祥、金爱伟、张海冰参加部分章节写作。感谢曾兴球、张抗、陈卫东、刘京生、徐以升等专家对本报告研究所作的贡献。

这一报告是关于油气体制改革的框架性研究，由于时间和能力所限，还有很多问题需要作进一步深入的论证。不足之处，还请方家指正。

范　必

2016 年 6 月 2 日

目 录

总　论

　　油气体制改革是党中央、国务院确定的重大改革任务。我国油气领域市场化改革滞后，在全球油气变局中处于被动局面。不但油气企业自身效益下降，而且影响了我国经济的全球竞争力。本报告在分析油气领域突出问题、剖析体制成因的基础上，提出了"一条主线、三个维度、多个环节"的改革思路。即改革以产业链为主线，从政府、市场、企业三个维度出发，对油气产业上下游各主要环节，包括矿权出让、勘探开发、管网运输、流通、炼化等进行全产业链市场化改革，从而建立起公平竞争、开放有序、市场对资源配置起决定性作用的现代油气市场体系。

一、全球油气格局与中国面临的问题

20 世纪 50 年代以来，油气逐步取代煤炭成为世界一次能源中的主体能源，发达国家大都完成了从煤炭时代到油气时代的转变。进入新世纪，世界能源版图发生深刻变化。随着北美"页岩气革命"的成功，加上勘探开发技术的进步，全球油气储量大幅增加，出现了多点供应、供大于求、价格持续走低的局面。在可预见的未来，油气在世界能源消费结构中仍将占据主要地位。

新中国石油化工产业得到长足发展，为社会主义现代化建设提供了有力保障。但是放眼世界，我国油气产业从规模到水平、到效益，与发达国家相比仍有很大差距。主要表现在，油气生产和使用成本偏高，一定程度上削弱了中国经济在国际上的竞争力；油气占一次能源消费的比重偏低，尚未完成从煤炭时代向油气时代的跨越；国内资源勘探开发投入不足，国产油气保障程度逐年下降；国有大型油气企业大而不优、大而不活，近年来经营效益大幅滑落，人均产出远低于国外同类企业；油气收益分配内部化，国有资本收益低，油气资源国家所有者权益体现不多，油气财富没有彰显全民共享。油气行业的现状不利于我国经济的稳定增长和产业结构的优化升级。

二、制约油气行业健康发展的体制原因

经过几次改革，中国油气产业选择了上下游一体化的国家公司经营模式，对迅速提高油气企业规模发挥了积极作用。但少数企业的上下游一体化经营也扭曲了市场价格和供求关系，成为油气供求矛盾加剧和价格居高不下的主要原因。油气是传统计划经济时期管制最严格的领域之一，即使中石油、中石化、中海油（以下简称"三大油气企业"）已在美、港等地上市成为国际公司，但至今为止仍没有完成向市场经济体制的转型。油气体制既有计划经济特征，也有市场经济特征，是典型的双重体制。油气产业链是多重体制亚型复合体构成的不完全市场产业链。

矿权：少数企业无偿获得油气区块，大量矿区占而不采。 目前国际上普遍采用招标方式出让油气矿权，对矿业权人规定了严格的权利义务。我国长期实行"申请在先"的矿权出让方式，三大油气企业无偿取得了国内大部分油气区块的探矿权。油气矿权持有成本低，企业对大量矿区既不投入也不开采，制约了国内油气供给能力的提高，未能充分体现国家对资源的所有者权益和企业有偿使用矿权的原则。在我国目前实行的油气勘探开发专营权制度和对外合作专营权制度下，除少数国有油气企业外，不允许其他各类市场主体进入勘探开发领域，限制了油气领域的对外开放，制约了上游市场的发展。

管网：建设运营不向第三方开放，缺少有效监管。 20 世纪 80

年代以来，大部分发达国家对网络型行业进行了网运分开、放松管制的改革。我国油气管网设施的建设和运营仍集中于少数大型央企，实行纵向一体化的经营。不同公司的管网之间互不联通，有的地方交叉重复、空置浪费，有的地方建设不足、运行饱和。企业利用市场支配地位，不向第三方开放，不让社会资本进入，消费者缺少选择权。国家对管网运输的价格、建设、运营缺少有效监管。城市燃气管网一般也是由一家公司经营，与国家油气管网存在同样的问题。随着油气上下游市场主体逐步走向多元化，相关市场主体对于油气管网改革的需求日益凸显。

流通：个别国企专营，形成市场壁垒。原油是目前世界上交易规模最大的自由贸易商品，但在我国仍是由少数企业特许经营。在进口环节，我国对原油仍实行国营贸易管理，同时允许一定数量的非国营贸易。中石油、中石化、中海油、珠海振戎公司和中化集团，这5家国营企业原油进口总量占整个原油进口的90%以上。原油国营贸易配额只能用于中石油和中石化的炼厂加工。没有国企的炼化生产计划文件，民企进口的原油不能通关、铁路不能安排相应运力。这种制度安排客观上限制了其他市场主体的进入。天然气进口方面，国家尽管没有明确的禁止性法规，但限于进口基础设施的排他性，民营企业很难实现从国外进口天然气，一般是通过三大油气企业代为进口。

在批发零售环节，国家赋予了中石化和中石油（下简称"两大集团"）在成品油批发和零售环节专营权。全国各炼油厂生产的成品油全部交由两大集团的批发企业经营，各炼油厂一律不得自销成品油；新建加油站统一由两大集团全资或控股建设。尽管近年来有所放松，延长石油进入零售行业，三大油气企业开始与民企合作，但仍在批发零售环节占绝大部分份额，其他市场主体难以自由进入。

炼化：靠项目审批控制规模，形成逆向调节。炼化产能主要集中在三大油气企业，各地也有一些地方炼化企业。对炼化项目的审批高度集中于国家有关部门，大型炼化项目往往多年得不到批准。炼化是资本密集型产业，拿不到国家的批件，银行不给贷款，地方不给批地，而市场对成品油需求旺盛，于是小炼化企业在各地遍地开花。对炼化项目的"严格"审批不但不能抑制过剩产能，相反形成逆向调节，加剧了低水平的产能过剩。

企业："大而全、小而全"，现代企业制度不健全。三大油气企业开展的业务覆盖了上下游全产业链，从生产经营到后勤服务、"三产多经"，一应俱全，包袱沉重。企业吃国家的"大锅饭"、职工吃企业的"大锅饭"、企业办社会问题仍很严重。国家有关部门对油气企业管人、管事、管资产，企业经营自主权出现下降趋势。油气企业以满足国家考核作为主要经营目标，将提高国有资产投资回报置于次要地位。虽然三大油气企业早已进入世界 500 强，但大量业务来自关联交易，内部交叉补贴严重，经营管理成本高昂，赢利很大程度上依赖国家给予的价格保护和补贴。

价格：国家定价为主，价格调整滞后于国际市场波动。尽管我国已经明确了原油和成品油与国际接轨的定价原则，但定价机制仍不健全。国内原油价格被动跟踪国际油价，不能准确反映国内市场真实的供求关系和成本变化，无法发挥价格杠杆调节供求关系的作用。成品油定价机制存在滞后性，国内油气消费者没有充分分享国际油气价格走低带来的"红利"。国有油气企业不能参与国际期货市场交易，既不利于我国参与国际石油定价，也无法对冲油价波动的风险。

财税：税费功能界限不够清晰，各方经济利益亟待平衡。在现有税费政策下，油气企业除一般企业均须缴纳的企业所得税、增值税、消费税和营业税外，还须缴纳矿业权（探矿权、采矿权）使用费、矿业权价款（实际未征收）、资源税、矿产资源补偿费（矿区使用费）和石油特别收益金。这些税费基本上延续了计划经济下按生产环节收取的形式，经济内涵与边界比较模糊，没有反映出国家与企业的权利义务关系。在分配中，中央和地方利益不够平衡，没有兼顾到相关利益主体的诉求。

政府：政企不分、政监不分、监管薄弱。油气储量评估、行业标准制定等政府职能仍由企业承担。本应由政府进行的行业监管职能缺位，企业以自我监管为主。政府的油气管理职能分散在多个部门，管理方式基本上是以批代管，缺少事中、事后监管。政府部门中没有对油气进行监管的专门机构，对网络运营环节监管缺位。相当数量的法律法规抑制了市场竞争，已经成为油气改革的障碍。

三、油气体制改革的目标思路和基本原则

当前，油气领域已经出台了一些改革措施，但尚未解决存在

的突出问题，迫切需要通过顶层设计进行全产业链市场化改革。即未来的改革应当是"链式改革"，而不是"点式改革"。

改革的目标：推进油气产业从不完全市场产业链向市场化产业链的根本性转变，建立公平竞争、开放有序、市场对油气资源配置起决定性作用的现代油气市场体系，不断提高油气保障能力，加快能源代际更替步伐。

为了实现这一目标，改革的总体思路是：围绕"一条主线、三个维度、多个环节"进行"链式改革"。即改革以油气产业链为主线，从企业、市场、政府三个维度出发，对油气产业链的各主要环节，包括矿权出让、勘探开发、管网运输、流通、炼化等，进行全方位市场化改革。在企业层面，要实现政企分开、主辅分离、网运分开；在市场层面，油气上中下游市场全面放开准入；在政府层面，要简政放权、政监分离、强化监管。同时，统筹推进行业改革与企业改革，加快油气法规废、改、立进程。

推进油气体制改革应当坚持三个基本原则：

一是坚持解放思想，树立新的能源安全观。中国长期重煤轻油，制约了能源结构调整的步伐。将石油作为战略资源，只允许个别企业进行上下游一体化经营，抑制了竞争，扭曲了价格。在全球化条件下，一个国家完全靠本国的能源资源满足发展需要，既不可能也无必要。中国应当树立在开放条件下保障能源安全的观念，充分利用两个市场、两种资源，积极参与全球能源治理，推动建立国际能源集体安全体系，加快能源代际更替的步伐。

二是坚持市场取向，构建单一市场体制。从党的十一届三中全会提出"计划经济为主、市场调节为辅"，到党的十四大确立社会主义市场经济体制的改革方向，再到党的十八届三中全会明确"市场在资源配置中起决定性作用"，中国走了一条市场化改革的道路。油气行业在改革开放头20年经历了放权让利、政企分开，与全国改革保持了同步。但1998年以后，油气领域加强了行业集中，弱化了竞争，市场化改革陷于停滞。未来油气体制改革要坚持市场化方向，建立单一的市场体制，而不是计划与市场并存的双重体制。

三是坚持激励相容，形成各参与方共赢的格局。在市场化改革中，每一个参与者首先关心的是自身在改革中的收益。油气体制改革涉及多方面的既得利益，在研究制定市场化改革方案时，应当坚持激励相容的原则，对各利益主体的收益预期进行充分评估，尽可能兼顾相关利益方，使改革后各参与方的收益预期大于改革前。

四、油气体制改革政策建议

第一，以矿权改革为核心，放开上游市场。通过矿权改革，建立油气上游市场，引入更多市场主体，从而提高国内油气资源的勘探开发和供应能力。

一是放开矿权市场。参照国际一般做法，从"申请在先"方式，改为"竞争性出让"方式，国家通过公开招标有偿出让矿权。

二是松绑勘查资质。将探矿权出让与勘查资质分开，"勘查资格证"不再作为申请矿权的必要条件。取消上游油气勘探开发的限制准入条款，允许各类市场主体参与油气勘探开采。

三是提高持有成本。提高最低勘查投入标准，不能达到投入标准的企业要退出矿权。允许企业在满足法定条件下转让矿业权或股份，活跃矿权市场。

四是合同约定权利。矿业权竞争性出让改革，将完全改变现行法律规定的权利义务，以及在进行监督管理时无法可依的状况。今后国家在出让油气矿业权时，可以采用油气租约形式，制定出一套油气矿业权出让行政合同，与受让方约定权利义务。合同内容包括，出让的油气矿权的范围和性质、矿权期限、勘探和开发义务、最低义务工作量、环保安全责任义务、争议解决等必备条款。对于涉及国家与矿业权人经济关系的，如使用费、价款、权益金等，可以签订经济合同。

五是全面对外开放。取消三大油气企业对外合作专营权，获得矿业权的企业可自主决定对外合作相关事宜。

第二，构建独立多元的油气管网运输体系。改革的总体思路是"网运分开、放开竞争性业务"，给油气生产者和消费者更多的选择权。

一是网运分开、独立运行。将原来属于三大油气企业的天然气管道独立出来，通过混合所有制改革或资产出售方式，成立多家管网公司，而不是成立单一的国家管网公司运营。这些管网公司只参与石油、天然气输送，不参与油气生产、销售，并按照"财务独立—业务独立—产权独立"的步骤，推行"厂网分离"、"网销分离"、"储运分离"，渐次推动管网独立。为便于对网络监管和给网络运输定价，应当剥离管网公司下属的辅助性产业。

二是公平准入、多元投资。新的管网公司按非歧视原则向第三方提供运输服务。允许三大油气企业以外的经营主体从事油源、气源业务，包括国外进口和国内煤制气、页岩气、天然气均可进入管网运输。允许各类投资主体以独立法人资格参与管网和 LNG 接收站、储油库、储气库等相关设施的投资经营，逐步在全国形成多个管网公司并存、互联互通的格局。

三是合理回报、有效监管。政府制定管网的输配价格、合理回报水平，对管网公司向第三方公平开放、执行价格、合理回报进行监管。

第三，建立竞争性油气流通市场。这是油气回归商品属性的关键。

一是取消原油进口资质条件。放开原油进口权，取消国营贸易企业对原油进口的特许经营，任何企业均可从事原油进口和国内贸易。配合进口权开放，取消排产计划，国内炼化企业均可公平地进行原油交易。

二是取消成品油批发零售环节特许经营权。撤销国务院 1999 年和 2001 年出台的《关于清理整顿小炼油厂和规范原油成品油流通秩序的意见》、《关于进一步清理整顿和规范成品油市场秩序的意见》、《关于民营成品油企业经营的有关问题的通知》，不再授予个别企业在成品油批发零售环节的特许经营权。

三是放开下游零售市场。放开加油站业务的市场准入。允许中石油和中石化对其全资或控股拥有的加油站企业进行混合所有制改造或剥离，逐步实现加油站行业多元主体经营。

四是发展石油期货市场。放开石油期货交易参与主体的限制，允许国有油气企业参与交易，允许各类企业能够实现实物交割。同时，增加上海石油期货交易所的交易品种，扩大交易规模。

第四，深化油气企业改革。进行"主辅分离、做强主业，产权明晰、完善配套"的改革，进一步完善现代企业制度，国家对油气企业从"管人管事管资产"转变为"管资本"为主。一是资本运营。将三大油气企业改组为国有资本投资公司，由国务院授权经营，并继续保持对原上市公司的控股地位。二是做强主业。将三大油气企业非上市部分的核心业务（即主业）并入上市公司，增强上市公司实力。三是剥离辅业。将三大油气企业的"三产多经"、油田服务等辅业剥离，三大油气企业上市部分人员压缩至目前的10%—20%。剥离后的辅业主要有两个出路：（1）组成若干独立经营的企业，由三大油气企业控股或参股经营；（2）将资产整体出售，或者下放地方政府管理。

三大油气企业中规模较小的油田、闲置的低品位资源和部分炼油化工、油品销售的子公司、分公司可以划转给省级地方政府，使其成为由地方政府授权经营的独立法人。医疗和教育单位按国家规定实行属地化管理。油气企业离退休人员实行社会化管理。

在改革中大量剥离、下放的企业，要进行股份制改造，建立规范的现代企业制度、公司治理结构，具备条件的可单独上市。考虑到改革中安置分流人员要付出一定的代价，建议将出售资产获得的资金专项用于人员安置和解决历史遗留问题。

第五，逐步放开油气价格。油气企业放开准入、放开进出口和流通领域资质限制、管网独立后，国家不再对油气的批发零售定价，交由市场竞争调节。但是政府要继续保留对管道运输价格的定价权，并严格监管。

第六，构建多方利益平衡的财税关系。油气资源税费制度改革的思路是：理清利益关系，落实有偿取权，稳定所有者权益，促进资源开发，兼顾各方利益，构建新型资源税费体系。

一是改革油气税收体制改革。按照竞争性进入、高风险持有、收益合理共享的原则，体现国家资源所有者的权益。油气资源税费体系包括：（1）矿业权使用费（rental），体现矿租内涵，按土地面积定额收取。取代原有的探矿权使用费、采矿权使用费和矿区使用费，简化税赋，增加持有成本，促进资源的有效开发。（2）探矿权采矿权价款（bonus），是资源开发超额利润的预付款，即现金红利，采取竞争或者评估谈判的方式产生。（3）权益金（royalty），是资源所有者权益分成，在开发者毛利润中定率收取，也可以在矿业权竞争性出让时，通过对权益金率进行报价产生。长远看来，权益金应取代原有的资源税、资源补偿费和特别收益金。在目前低油价环境、国内油价成本过高情况下，可适当保留资源税（tax）进行过渡。

二是理顺中央与地方的财权分配关系。按照实际管辖权限和经济功能，对矿业权使用费、资源税、价款、权益金等税费，可与地方进行适当形式的分成。

三是提高国有资本经营预算。增加国有资本收益上缴公共财政比例。

四是建立石油基金，保障公益事业。权益金收入的管理方式可借鉴挪威模式，建立作为主权财富基金的石油基金，用于职工安置、解决历史遗留问题、保护环境及其他公共事业。

第七，改革政府管理体制。建立"政监相对独立、分段分级监管、部门分工明确、监管权责清晰"的现代管理体制。

一是规划统一，分级实施。国家发改委和国家能源局是油气（能源）行业的政府主管部门，可赋予其更全面完整的管理权限。地方发改委、地方能源局的职责主要是落实国家油气发展的战略规划和政策措施。

二是构建"分段分级监管"的油气监管体系。国家能源局、国土资源部、商务部、国家质量监督检验检疫总局、环境保护部、国家安监总局分别承担不同的监管职能。特别是要加强对油气管道环节公平开放和输配价格、油气矿权公平出让等方面的监管。

三是简政放权，放管结合。各主管部门不再干预微观主体的经营活动，并尽快拿出权力清单、责任清单和负面清单。大幅度减少对油气项目的审批。对确需审批的项目，改串联审批为并联审批。取消对油气运营的调配权。取消国家发改委对下游炼化项目的审批。

第八，加快油气法规的废改立。为保证改革的顺利进行，首先要停止执行若干与市场化改革相悖的法规条款，在此基础上，再逐步制定新法。能源法规不再搞部门立法。考虑到中国成文法具有滞后性的特点，对尚未充分实践的或拿不准的措施不急于立法，可以先制定暂行条例，随着改革成熟再以法律形式固定。

五、油气体制改革实施步骤

油气体制改革不应是对原有体制的修修补补，而是要在市场化的方向上迈出重大步伐。对改革的具体组织实施有以下建议：

第一，制订覆盖全产业链的一揽子方案。建议党中央、国务院组织专门班子统筹制订油气全产业链市场化改革方案，各行业主管部门、油田所在地方政府、各企业配合。但不是由各部门和相关企业自行提出改革方案。

第二，分三步走推进改革。第一步，在矿权改革、管网改革、国企改革、财税改革4个关键点上率先突破。第二步，放开进出口和流通准入，放开价格管制。第三步，全面完善政府监管。

这里需要说明的，一是关于改革的关键点。油气改革中放开进出口、流通和价格相对比较容易，但在没有形成矿权市场、管网不独立的情况下，放开进出口、流通和价格后仍然不能形成竞争性市场，改革的成效不明显。所以改革首先要在形成竞争性市场的关键点上有大的突破，即进行矿权、管网和国企改革。二是关于财税改革。由于油气改革涉及调整利益分配关系，财税改革必须在改革之初优先推进，使各参与方明确自己在改革中的收益，这将有利于调动各方面参与改革的积极性。三是关于政府监管。以往改革的经验教训说明，在市场发育不足的情况下，监管部门不易实施有效的监管。在油气改革之初，政府部门应将主要精力放在突破旧的体制。随着全产业链竞争性市场格局逐步形成，政府职能再转向全面完善监管。

第三，抓紧完善配套措施。由于改革会涉及大量的人员分流和社会稳定问题，建议用财税改革后的权益金收入、三大油气企业改革中出让资产收入、部分企业上缴的国有资本金预算共同建立石油基金，主要用于职工安置和解决历史遗留问题。

六、油气体制改革成效预期

改革涉及的既有利益主体包括：中央、地方、三大油气企业、企业职工、地方炼油企业等。其中三大油气企业的情况比较复杂，既有主业，也有各种三产、多经、油田、油服等。此外涉及的利益主体还包括，各类期望进入油气领域的国有企业和多种所有制经济的企业。按照上述改革方案，各利益主体在改革中的收益均会有所增加。

第一，中央和地方政府。在矿权改革中，提高了油气企业对矿区持有的成本，势必造成三大油气企业退出一部分矿区，有利于为竞争出让矿权提供资源基础。对国家来说，将"登记在先"出让方式改为"竞争出让"方式，既可以通过招标出让三大油气企业退出的矿区，也可以出让页岩气、煤层气等非常规油气矿区，吸引各类投资主体参与油气勘查开发。国有企业改革中，三大油气企业出售和调整下放的油田资产，将增强地方经济实力、增加地方税源，从而调动地方参与生产开发、消化分流人员和历史遗留问题的积极性。财税体制改革将使中央、地方更多分享油气改革给企业带来的收益。

第二，三大油气企业。三大油气企业改革后，通过主辅分离，人员大幅度减少，会使主业更强、效益更优，提高资本运行效率。辅业将形成新的油田服务市场，走专业化发展的道路，极大降低三大油气企业主业经营成本。剥离后的辅业形成的新企业经过股份制改造，可以利用近期股市形势向好、注册制改革的机遇上市融资，扩大投资和经营规模。

第三，管网企业。管网独立后，国家将核定管输的合理回报，同时对各类投资主体开放，这对资本市场有较强的吸引力。改革后将促进管网建设获得较快的发展。

第四，地方炼油企业。将获得更多优质油源，不必炼制低质的重油和渣油，有利于生产更多低成本的优质产品，减少炼油造成的环境污染。

第五，三大油气企业员工。不论是保留在三大油气企业上市公司中的职工，还是剥离的各种辅业职工，都将新进入市场竞争。在这方面，多年国企改革已经积累了丰富的经验。对调整和下放到地方的资产和人员，考虑到近些年地方的基本公共服务水平已经普遍高于油田，调整和下放会受到相关油企职工的欢迎。同时，改革后权益金收入、国企出让资产收入、国有资本预算共同建立的石油基金，可以拿出一部分用于职工安置。职工会保持现有的福利或随着企业效益的提高有所改善。

第六，其他各类投资主体。全产业链市场化改革后，各类投资主体可以进入上游，投资传统油气和页岩气、煤层气等非常规油气；进入中游，投资流通和管网运输；进入下游，投资炼化。

总体来看，通过改革可以增强国内油气资源保障能力，降低油气使用成本，给国家创造更多的利润和税收，打破油气领域所有制壁垒，加快能源结构调整和代际更替步伐，从整体上提高中国制造业产品的国际竞争力。油气体制改革虽然难度很大，但完全能够实现各参与方共赢，打造经济增长的新亮点。

第一章
世界与中国油气产业的发展

从长期趋势来看，油气与其他一次能源相比具有较强的竞争力，未来在世界能源结构中将长期居于主导地位。新中国成立以来，油气产业在曲折中获得长足发展，已成为国民经济的基础产业和支柱产业。在改革开放中，油气体制经历了多次改革，在向市场化转型的道路上进行了有益探索。

第一节　全球油气格局发生重大变化

油气是优质化石能源，具有高效、安全、方便、经济等特性。20 世纪 50 年代以来，油气逐步取代煤炭成为世界一次能源中的主体能源，发达国家大都完成了从煤炭时代到油气时代的转变。无论从现实还是未来发展趋势看，油气都是能源结构中居于主导地位的品种。

当前各主要经济体的发展都离不开油气的有力支撑。全球油气消费约占能源消费总量的 56.3%，特别是美国和日本，2014 年油气比例均高达 65% 以上，OECD 国家的油气消费比例平均达到 63%。（图 1-1）2013 年，美国、经合组织（OECD）、日本每万美元国民总收入分别需要 0.49、0.43 和 0.36 吨的石油和 434、330、199 立方米的天然气。[1] 另外，油气资源禀赋良好的国家，如俄罗斯、沙特阿拉伯等，均将油气资源视为重要出口产品，油气出口收益是其国家经济收入的主要来源。

从发展趋势看，未来全球油气消费总量仍将有较大幅度的增长。虽然当今世界风能、太阳能等可再生能源发展十分迅速，但总体而言，世界无法跨越油气时代直接进入新能源时期。在可预见的未来，石油和天然气仍是能源消费的主要品种，特别是天然气，市场需求将稳步增长，消费比例也会进一步扩大。IEA 预测 [2]，

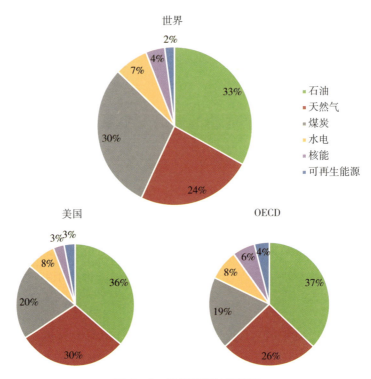

图 1-1 世界能源结构情况

数据来源：《BP 世界能源统计年鉴》，2015 年。

2040 年油气占所有燃料需求中的比重仍保持在 50%，其中石油比重略有下降，而天然气比重上升 3%。按需求量计算，到 2040 年，石油和天然气的年均增长率分别为 0.5% 和 1.6%。另外，据英国石油公司 2015 研究报告 [3]，到 2035 年世界能源消费结构中石油、天然气和煤炭的比例大体相当，大约在 26%—28% 的区间，石油和天然气合计仍超过 50%。油气在世界能源格局中长期居于主导地位，与储量和供求关系的变化直接相关。

一、资源储量快速增长

罗马俱乐部曾于 1972 年发表了一份研究报告《增长的极限》，预言经济增长不可能无限持续下去，因为石油等自然资源的供给是有限的，做了世界性灾难即将来临的预测。[4] 但是，随着世界油气资源勘探和开采技术的不断进步，传统油气资源储量不断攀升，同时，美国"页岩气革命"开辟了非传统油气的发展道路。1980 年世界石油和天然气探明储量仅为 6834 亿桶和 71.6 万亿立方米，而在近 30 年中，石油和天然气储量增长迅速，较 1980 年分别增长了 1.47 倍和 1.6 倍。（图 1–2）到 2014 年底，世界石油和天然气探明储量分别为 17001 亿桶和 187.1 万亿立方米，储采比达 52.5和 54.1。[5]

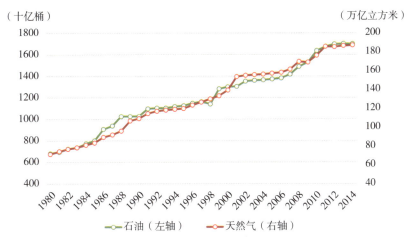

图 1‑2　世界石油天然气探明储量（Proved Reserve）变化情况

数据来源：《BP 世界能源统计年鉴》，2014、2015 年。

二、世界油气供大于求

北美"页岩气革命"改写了世界能源格局，在化石能源中，油气的供需格局出现重大变化。发达国家的油气消费需求持续下降，西半球的自身产量不断增加，自给程度持续上升，页岩气、页岩油等非常规油气和海上石油为全球油气供给端注入强心剂。当今和今后很长一个时期内，全球油气市场将形成多点供应、供大于求的局面。

供给方面，页岩气、页岩油、油砂油等非常规油气资源相继展现出良好前景，世界油气供应进入相对充裕期。首先，世界石油和天然气的供应能力增强。2014年，世界石油产量为42.2亿吨，较1965年增长了1.69倍。得益于北美"页岩气革命"的成功，世界天然气产量增长迅猛，2014年是1970年的3.5倍。其次，世界油气多中心供应格局已经形成。"页岩气革命"使北美供应能力提升，重返油气中心舞台。美国的页岩油气、加拿大的油砂、巴西的深海盐下油、委内瑞拉的重油、伊拉克的石油、莫桑比克的天然气和北极的油气等已构成了全球油气多元供给结构，油气卖方市场格局正逐步弱化，买方具备了更多的选择权。[6]

需求方面，发达国家的石油需求下降。2014年，OECD国家石油消费量为20.32亿吨，比上一年度下降1.2%。事实上，从图1-3可以看到，2006年开始，OECD国家的石油消费量就出现了明显的下滑，下降幅度为0.6%，到2009年下降速度增加到5%，近年来下降速度虽有所减缓，但是消费总量仍然在减少，2014年的石油消费已基本与 1994 年的水平持平，比 2005 年的石油消费峰值减少了 11.8%。

（百万吨）

■ OECD石油消费量

图 1‐3　1965—2014 年 OECD 国家石油消费量变化

数据来源：《BP 世界能源统计年鉴》，2014、2015 年。

发达国家石油需求疲软主要归因于以下三点：首先，凭借技术进步进程加速，能源效率得到大幅度提升，单位石油消耗量减少；其次，随着对环境保护与能效提升诉求的不断增强，天然气等清洁能源对石油替代效应增大；再次，全球经济形势疲弱，原油作为基础性资源产品，市场对其需求减弱。

油气储量增加、供应能力提升和经济增长乏力、国际石油需求减弱将大幅度缓解全球油气市场的供需紧张形势，特别是发达国家对石油需求的减弱，为发展中国家的油气消费提供了更大的空间。

三、油气价格持续走低

2014 年下半年开始，世界原油价格大幅下跌，目前 WTI 原油价格在 40 美元 / 桶左右，比 2008 年 7 月 3 日的价格峰值下降了约 70%。油气价格的走低，将增强油气在各能源品种中的竞争力。

原油价格的下跌受多方面因素的影响，主要包括美国经济复苏带来的美元走强、"页岩气革命"等带来的油气资源多元供应，以及发达国家受经济疲软和能源效率提高影响带来的需求下降。可以预见，原油价格已进入下行通道，与其他能源类型相比，油气的价格更具竞争力，且带动了全球能源供应向优质化方向发展。

对于中国来说，油气价格的大幅度下降为中国带来能源"红利"，最为直接的反映就是能源使用成本的下降。国际市场中，中国石油战略储备依赖大量进口，在国际石油价格中的议价地位也非常薄弱，通常大量购入石油储备会助推油价上涨，造成"越买越贵"的局面，致使中国提高石油储备能力的成本高企。本轮原油价格大幅度下跌，有利于增加中国石油储备的购买能力，大幅度降低石油购入成本。以上一年度同期价格计算，原油购买成本将节省 30%。石油储备成本的下降将直接传导到国内油价中，降低国内能源使用成本。另外，国际油价下跌会使一部分开采成本高的石油企业难以维持经营，中国可通过资本输入获得较低价格的购买协议，同时，增加了中国并购海外石油企业的谈判筹码，为中国巩固和重组海外油气资源提供机遇。

虽然较低的石油和天然气价格水平对中国油气企业带来负面

影响，导致其利润空间缩小，但是，油气使用成本下降将利于交通运输、发电及化工等行业的发展，提升中国制造业的竞争力，对整个宏观经济刺激作用明显。从社会经济总体运行来看，油气价格下跌仍然利大于弊。今后的5—10年，中国应当享受油气价格下降带来的能源红利，助推经济飞速发展。

第二节　油气是我国经济发展的重要支柱

新中国成立以来，经历几十年不懈努力，油气勘探开发不断取得重大突破。不但摘掉了贫油国的帽子，而且石油产量长期位居世界前列。我国油气工业取得长足发展，建立了比较完整的石油化工体系。油气产业成为国民经济的支柱产业，有力保障了我国能源安全。

第一，油气生产消费量快速增长。产量方面，1965年我国石油产量为1131万吨，2014年达到2.1亿吨，约为1965年的19倍。截至2013年底，全国原油累计产出60亿吨；天然气产量则从1970年的29亿立方米增长到2014年的1329亿立方米，30余年增长了46倍。截至2013年底，全国天然气累计产出1.44万亿立方米。

消费方面，2014年石油表观消费量超过5亿吨，实际石油消费增速约2.8%，全年石油净进口量3.05亿吨，对外依存度接近60%。2014年天然气表观消费量为1830亿立方米，同比增长6.6%，全年天然气进口量为590亿立方米，对外依存度近30%。（图1-4）

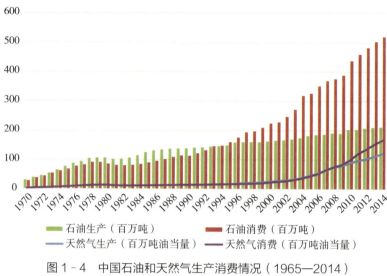

图 1－4　中国石油和天然气生产消费情况（1965—2014）

数据来源：《BP 世界能源统计年鉴》，2014、2015 年。

　　同时，油气在中国能源消费结构中的地位也发生了巨大变化。2014 年，中国能源消费总量为 38.5 亿吨标准煤，比上年增长 1 亿吨标准煤，增长 2.7%，增速逐年放缓，能源结构进一步改善。全年煤炭消费量约为 24.6 亿吨标准煤，下降 0.5%，为 21 世纪以来的首次下降。1965 年，油气消费在总能源消费结构中占比仅为 0.3%，到 2014 年，石油占一次能源消费比重达到 18.5%，天然气达到 6.3%，虽然和世界其他国家相比仍然较低，但是已较 1965 年有了非常大的飞跃。

　　第二，油气储量增加较快。自 2006 年以来，全国油气勘查开发投入每年大幅上涨，至 2014 年，全年完成油气勘查投资 741.54 亿元，较 2006 年上涨幅度为 75%。从勘查投入比例上看，中石油、中石化、中海油和延长石油占据绝对比例，达 95% 以上。

　　2014 年，全国石油新增探明地质储量 10.61 亿吨，连续 8 年超过 10 亿吨；全国天然气新增探明地质储量 9437.22 亿立方米，连续 12 年超过 5000 亿立方米。截至 2013 年底，全国石油累计探明地质储量 350.68 亿吨，剩余技术可采储量 33.67 亿吨；全国天然气累计探明地质储量为 11.43 万亿立方米，剩余技术可采储量 4.64 万亿立方米。[7]

第三，油气储运和炼化能力不断提升。三大油气企业在长输管道、LNG 接收站和储气库等基础设施的建设和运营方面占据大部分市场份额，民营和非传统油气企业也在积极布局 LNG 接收站和参与储气库建设。截至 2014 年底，中国油气管道总里程近 12 万千米，其中原油、成品油和天然气管道长度分别达 23800、22600 和 60800 千米。中缅天然气管道正式建成投产，打通了我国西南天然气进口通道。此外，兰州—成都、西气东输三段等油气管道相继建成，唐山 LNG、珠海 LNG 投产。2014 年，我国炼油总能力达到 7.02 亿吨，同比增长 6%，全年原油加工量为 4.96 亿吨，加工能力较 2001 年增长 2 倍以上。

石油战略资源储备建设取得初步成果。我国国家石油储备一期工程建成投用，储备二期、三期正在建设或规划筹建中。截至 2014 年底，中国已建成国家战略石油储备基地 6 个，总储备库容为 1640 万立方米，储备能力 1.41 亿桶，已储备原油 1243 万吨（约 9000 万桶）；已建成商业石油储备基地 25 个，储备能力 3.07 亿桶；两项合计约合 40 天石油用量。

第四，境外油气合作取得突破。我国石油企业快速成长。中石化、中石油、中化、中海油、延长石油均进入世界企业 500 强，其中中石化、中石油总经营额超 2 万亿元，列第 3、4 位。一批非油气国有企业、民营企业从事油气产供销及炼化加工，也已形成一定的基础，取得良好业绩，有的已成为当地的支柱企业。

我国油气领域数十家各类所有制企业"走出去"到国外投资石油天然气勘探开发，油气对外投资累计近2500亿美元，先后与43个国家和地区签署了近200个油气项目协议，基本建成了中亚—俄罗斯、非洲、中东、美洲、亚太等五大境外油气战略合作区。截至2012年底，我国累计获得境外权益石油产量8752万吨。权益天然气产量223亿立方米。拥有境外油气管道5200公里，年输油能力5600万吨。同时，在油气勘探开发、集输、炼化加工领域的技术研发、装备制造、应用能力和技术服务等方面取得了很大进步，已形成了配套产业体系和作业能力，一大批装备技术进入世界先进行列。

第五，油气产业对经济发展作出重大贡献。石油和天然气为工业制造提供重要原材料，该产业在国民经济产业链中具有举足轻重的地位，在工业增加值、固定资产投资、出口总额中占有一定比例。仅中石油、中石化、中海油三家中央企业2014年上缴国家各种税费金共计5379亿元，占当年中央财政收入的8.34%。

我国的石油生产不仅保障了油品的基本需求，还曾作为屈指可数的出口硬通货为我国换回了大量外汇，支持着国民经济各领域的发展，20世纪后30年中，石油工业在国家安全、经济安全方面起到了不可替代的重要作用。

新世纪以来，随着生态文明建设的深入和国际应对气候变化、雾霾治理的需要，我国加快了能源结构调整的步伐，油气消费在总能源消费结构中占比从1965年的0.3%上升到2014年的24.9%，但我国煤炭占比仍达64%，是世界平均水平（不含中国）的3.5倍。在新能源尚无法迅速替代化石能源的时期，提高油气消费比重将是最现实的选择。

第三节　油气体制改革在前进中徘徊

新中国成立以来，我国油气产业管理从两个方面展开，一是资源管理，主管部门经历了地质部、国家计委地质局、国家计委地质总局、地质矿产部、国土资源部的变迁。二是工业和产业管理，主管部门经历了石油管理总局、石油工业部、燃料工业部、石油工业部、能源部、发改委能源局、国家能源局的变迁，在国务院层次还两度设立能源委。现在，油气资源开发管理职能分散在十几个部委，职权交叉重叠问题突出。油气的勘查、生产、运输、消费管理职能也经历了从集中到分散，到再集中的过程。中国石油和化工行业实现了由政府管理向行业服务的转变，进入崭新的发展阶段。从整体上看，油气体制的变化与我国市场化改革的方向，有一致的时候，也有不一致的时候，主要分为3个大的阶段。

一、高度集中统一计划阶段（1949—1981）

新中国成立伊始，1949年10月中央人民政府就成立了燃料工业部，领导石油工业从十分薄弱的基础上起步，组建科研设计队伍，组织和恢复生产。这一阶段我国石油工业实行高度计划管理，石油作为战略物资，其生产、运输、消费均由国家严格控制。

随后管理机构经历了燃料工业部石油管理总局、石油工业部、燃料化学工业部、石油化学工业部不断调整。1978 年，石油化学工业部分立为石油工业部和化学工业部，石油、化工形成了各自独立的管理体系。1980 年，成立国家能源委员会，负责统筹协调石油、煤炭和电力部门的工作。这一时期，在管理方式上严格执行中央集中统一管理，石油工业部直接管辖油田管理局，没有政企之分，石油生产单位相当于企业的"生产车间"，其管理和运行机制完全符合计划经济的一般特征。

一是国家计划对资源进行配置。包括人、财、物，主要依靠计划指标进行分配和协调，总体上排斥供求关系和经济杠杆的调节作用。石化项目的投资，从科研、立项到开工、建设、验收都按国家计划进行，油气作为生产资料和消费品的价格由国家制定，劳动用工和工资也按国家计划统一进行。

二是石化企业是国家计划部门的一个生产单位。政企不分，政府既是石化企业国有资产的所有者，也是经营者。绝大部分石化企业是全民所有制企业，它不是一个独立的利益主体，而是隶属于行业主管部门。国家计划对企业来说相当于法律，是必须完成的任务。企业的人、财、物，产、供、销都受到国家计划指标的控制。

三是国家计划以实物管理为主。国家计划对各种石化物资的生产、流通、分配、消费进行平衡和管理。

计划经济时代的石油产业管理运行机制与其他行业部门一样，在特定时期为国家的经济发展作出了杰出的贡献。石油天然气资源被视作"战略资源"获得了认可。

二、放权让利政企分开阶段（1981—1998）

石油领域自1981年起探索行业改革，政府放权让利，实行"1亿吨原油产量包干"政策，由石油部承包，实施5年，这是国家鼓励石油生产的机制改革，使得企业经营者有了较大的自主性。但是，这种形式的改革所体现的是国家和承包者之间直接分离所有权和经营权，并没有给予企业法律地位的经营自主权，企业的行为还是受到政府很大的约束与保护，企业作为市场主体的地位并没有确立。

党的十一届三中全会后，我国各行各业进行改革。油气资源管理机构开始全面整合、重组，成立了国家石油公司：1982年，率先开放了海洋石油勘探开发，成立了中国海洋石油总公司，隶属石油部，负责在中国海域对外合作开采海洋石油及天然气资源。

1983年，国家成立中国石油化工总公司，将原来分属石油部、化工部、纺织部管理的39个石油化工企业划归总公司领导，总公司直属国务院；1988年撤销石油工业部，成立能源部，作为石油工业的主管部门；原石油部改组为中国石油天然气总公司，直属国务院领导，专门从事陆上油气资源的勘探开发。石油及化工领域实现企业化改革，政企初步分开。

1993年，国家撤销能源部，资源管理等部分职能并入国家计委，部分职能划归中石油等行政性能源企业，直属国务院领导；1996年12月，在原地质矿产部石油海洋地质局基础上成立中国新星石油有限责任公司，实行"陆海兼顾、油气并举"，从事陆域、海域油气的勘探与开发，地矿部与石油勘探开发实现政企分离。至此，初步形成了政企分开的格局，实现了油气管理体制的重大改革，向市场经济体制转变迈出了重大一步。

1996 年，国务院成立矿产资源委员会，油气资源管理与区块登记、开采登记由国家计委划归其管理。1998 年，成立国土资源部，实行矿产资源（包括油气）统一管理，全国矿产资源委员会撤销，有关管理职能和办事机构并入国土资源部。同时中石油、中石化两大国家石油公司重组改制，其原有政府管理职能归入新组建的石油和化学工业局，归口国家经济委员会管理。

在这一阶段，党的十四大提出国有企业改革的目标是建立现代企业制度。因此，油田企业又开始了"公司化"改造。油田企业公司化改造的模式是围绕"油公司"组建油田企业集团。但是，由于总公司的产权尚未界定清晰、政府职能还没有完全转变，这种试图将原本一个整体的油田企业通过裂变重组，改造成现代产权组织的设想未取得实质性进展，油田企业的法律地位仍不明确。

在这一历史阶段，油气管理机构的整合重组体现了石油管理体制改革的重大转变，其资源管理方式也从严格的政府管理向行业服务进行探索；政府职能虽尚未完全脱离石油企业，且行政监管职能合二为一，但已经初步实现了政企分开。在这一轮改革过程中，油气行业作为改革的重要组成部分，和其他产业的改革步伐一致，基本实现了改革的基本目的。

三、部门分权行业集中阶段（1998 年至今）

1998 年，中石油、中石化两大国家石油公司重组改制，两大集团公司同时挂牌成立，其原有的政府行政管理职能分散到了相应的政府部门。2003 年 3 月，国家发展计划委员会改组为国家发展和改革委员会，下设能源局（司局级）；2005 年，国务院设立国家能源领导小组，成立能源办公室；2008 年，在国家能源办和国家发改委能源局基础上成立国家能源局（副部级）；2010 年，成立国家能源委员会，是我国目前最高规格的能源管理机构。党的十八大后，中央成立了全面深化改革领导小组，加强了中央财经领导小组，由习近平总书记担任组长，加强了党对油气领域改革的领导。管理机构的调整体现了一体化、专业化、科学化的管理趋势。管理方式也发生了相应变化，上、中、下游资源管理进一步分开，分散，一定程度稳定了管理的专业性，但也出现了政府职能交叉和缺位现象。

1998 年国务院出台《矿产资源勘查区块登记管理办法》与《矿产资源开采登记管理办法》，明确规定从事油气资源勘查开发的企业应当经国务院批准，但至今仅有中石油、中石化、中海油、延长石油 4 家获得批准。1999 年，国务院批准中石油、中石化享有陆上石油对外协作勘探、开发专营权（此前中海油已享有海上油气对外合作专营权）。经过本轮调整，四大油气企业，特别是三大央企控制了整个油气行业，原本日渐活跃的油气产业管理进一步僵化。油气上游的高集中度，导致油气产业体制机制运行不畅，未能真正形成油气市场的基本制度，没有合理的市场竞争结构，出现了企业大而不强、大而不活、大而不优的现象。缺乏市场运行机制，也就谈不上市场管理与监管了。经过本轮重组的石油产业，仍存在许多未尽如人意之处。

2011 年国务院批准页岩气为独立矿种，实行市场化管理，公开招标出让探矿权，迈出了油气管理改革的第一步。2012 年以来，先后在四大油企范围内进行三轮石油天然气探矿权竞争出让试点；2015 年在新疆选择四个区块向社会公开出让油气探矿权，迈出了石油天然气市场化改革的关键一步。与此同时，中石油、中石化、中海油也在积极探索混合所有制改革，在新疆、四川、重庆等地与地方政府、企业进行合作。目前的市场化改革仍处于试点探索阶段，规模小，效果尚不显著。

从中国油气产业管理体制的历史沿革可以看出，在改革开放头 20 年经历了放权让利、政企分开，与全国改革保持了同步。但 1998 年以后，油气领域加强了行业集中，弱化了竞争，市场化改革陷于停滞。2011 年后重新启动了市场化改革，做了不少的探索，也取得了一些重要进展，但法律制度的制约还在，前进的步伐不快，对市场化改革仍是顾虑重重。

第二章
中国油气产业发展存在的主要问题

改革开放以来，我国油气和石化产品供给能力得到很大提升。但是放眼世界，我国油气产业从规模到水平、到效益，与发达国家相比仍有很大差距。油气供给能力不足、开发利用效率不高、盈利能力薄弱等问题十分突出，使中国在优质化石能源的利用水平上不仅落后于 OECD 国家，也落后于很多发展中国家。

第一节　油气使用成本偏高

长期以来，我国很大程度上依靠能源原材料成本较低的优势，在国际上担当"世界工厂"的角色。在未来很长一段时间，中国仍然要依靠制造业增加就业岗位、提高财政收入、改善经常账户收支。但是近年来，我国正逐渐失去能源资源的低成本优势。以美国为例，"页岩气革命"后，美国逐步实现"能源独立"，出现了"再工业化"现象。随着能源价格大幅下降，很多投资者选择到美国从事重化工业和高载能工业。长此以往，我国在国际竞争中将处于不利地位。这里，我们试将中国与各主要经济体的油气价格作出比较。

一、汽柴油价格

汽油方面，按 2015 年 3 月数据，中国汽油价格约为美国均值的 1.5 倍，且从时间趋势上看，本轮原油价格下跌导致中国汽油价格下降的幅度低于美国。柴油方面，中国柴油价格仍然高于北美地区，按 2015 年 3 月数据，北美地区价格约为中国的 85%。（图 2-1）

与北美地区相比，我国税率较高。各国汽柴油终端零售价格由裸价（不含税）和税两部分构成。以税前价格来看，各国水平相

图 2-1　中美两国汽油价格变化对比①

数据来源：国家能源局，EIA。

差并不是很大，零售价格的差异主要是由税收额度造成的。英国、美国、法国、德国等的汽油税前价格都相对较低，但是含税以后，欧洲国家的价格要远高于美国；中国与美国的税前价格相差不大，但是由于税收较高，中国含税价格高于美国 0.3 美元 / 升以上。同样，中国柴油裸价（不含税）低于美国，但含税后的价格却要高出美国 0.15 美元 / 升左右。（图 2-2）可见，我国汽柴油征税水平高于美国，这是我国与美国终端油价相差较大的主要原因。另外，我国汽油的税前价格较高，不具备竞争优势。

---

① 汽油价格为零售价，中国选用 97# 汽油价格。

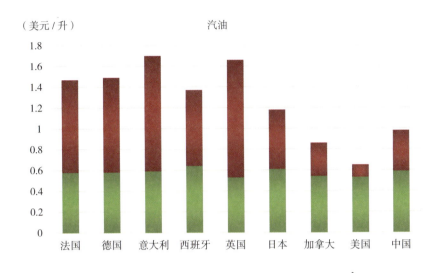

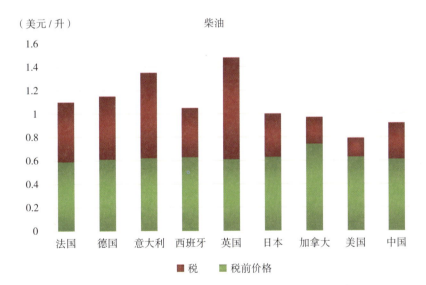

图 2‑2 世界主要国家汽柴油销售价格及税率比较①

数据来源：IEA Energy Price，www.iea.org；中国的汽柴油税为估算值。

---

① 国家发展改革委能源研究所提供，数据采用 2015 年 2 月的汽柴油零售价格。

二、天然气价格

根据 EIA 发布的数据，2012 年中国天然气价格高于美国达 2 倍以上。受益于"页岩气革命"，美国天然气供给大幅增加，价格的下降趋势明显。到 2015 年，中美两国间的工业天然气价差增大，根据统计数据计算，中国工业天然气价格已是美国的 3 倍以上。（图 2–3）

（美元/立方米）

图 2-3　中美两国工业用天然气价格对比①

数据来源：EIA，隆重化工，中国人民银行。

油气资源被广泛应用于化工、运输、制造等行业，高昂的石油、天然气成本被直接传导到下游产业生产成本中，会对中国经济

———————

① 中国为天然气（工业）市场价的平均价，按各地区统计数据的平均值处理。

造成负面影响。首先，高昂的油气价格带来了下游产品的成本增加，进而导致了国内制造业总体成本上升，抬高了中国整体发展建设成本，不利于中国宏观经济运行。同时，国内产品特别是能源密集型产品的国际竞争力会被削弱，贸易顺差减小，经常账户收支改善困难，国家财政税收也会相应减少。其次，能源成本较高会引发产业向外转移。中国的低成本竞争优势吸引了不少欧美企业到中国建厂，但是，目前能源成本水平的提升已经引起国际制造业竞争力格局的变化。根据波士顿咨询（BCG）对主要出口国的制造成本竞争力评估结果，美国受益于能源成本等优势，其制造业竞争力已经超越了其他发达国家，与中国竞争力的差距缩减到5%。[8] 而由于当前中国劳动力成本上升的同时能源成本仍然较高，跨国企业全球化投资布局在地理空间上会发生改变，企业将选择在更具有竞争力并靠近产品消费地的国家进行生产活动。值得注意的是，这种趋势正在发生。不论是外商还是国内企业，把厂房从中国转移出去将带来资本流出、产业转移以及就业岗位流失。

综上所述，油气使用成本偏高将抑制经济增长、加大国际收支差异、抬高通货膨胀水平，并减少就业岗位，不利于我国经济在新常态下保持中高速增长。

案　例

目前，已有一些国内企业捕捉到了美国在能源成本等方面的优势，并开始将产业布局拓展到美国去。例如，以汽车玻璃为主营业务的福耀集团就收购了美国俄亥俄州的一家通用工厂。根据福耀集团年报，该集团汽车玻璃和浮法玻璃的

生产成本构成中，能源（包括天然气、电力）成本分别高达
45.27%和10.23%，美国低廉的能源价格将有利于企业较大幅
度降低生产成本。此外，高耗电的纺织行业也可利用美国的
电力成本优势降低生产成本。

第二节　能源代际更替滞后

能源的代际更替是指随着资源的开发与技术应用的升级，能
源生产和消费的主要类型发生了更新换代的变化。淘汰落后的、劣
质的能源，利用更加高效、优质、清洁的能源，这样的过程就是能
源的代际更替。从柴薪时代到煤炭时代，再到如今的油气时代，人
类每一次能源代际更替都会带来生产力的巨大飞跃。[9]

一、中国仍处在煤炭时代

当今世界，各发达国家早已步入了油气时代。世界及主流经
济体的石油与天然气生产和使用量增长迅速，OECD国家的油气消
费量比1965年增长了1.19倍。2014年，OECD国家、美国和世界
总体的油气比例分别高达63.0%、66.6%和56.3%。

中国仍处在煤炭时代。根据BP统计年鉴发布的数据显示，
2014年中国煤炭消费比重是世界煤炭比例的2倍以上，在能源结
构中占比高达66%，远高于非OECD国家的总体煤炭消费比例；而

油气占比仍然仅为 23.1%，与发达国家和世界总体水平相差甚远。（图 2–4）

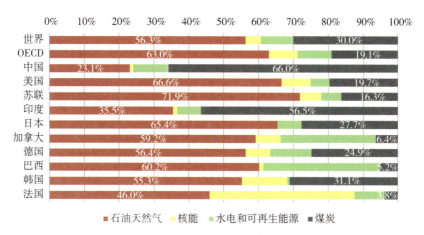

图 2‑4　世界平均、OECD 国家和十大能源消费国一次能源结构

数据来源：《BP 世界能源统计年鉴》，2015 年。

二、以煤为主带来的问题

长期以煤为主的能源结构带来环境、效率等多方面的问题：

第一，高污染。煤炭是一种高污染、高碳的能源品种，在其开采、运输、储存和利用的各个环节都伴随着巨大的环境污染。煤炭作为主要能源大量使用造成了日益严重的环境污染，极大地损害了公众健康，不利于生态文明建设。根据《中国气候公报》的统计数据，由大气污染导致的全国年均灰霾日数随煤炭消费总量的变化增加明显。（图 2–5）

第二，低效率。煤炭具有高污染和低能效的劣势。罗伯特·海夫纳三世在《能源大转型》一书中提出，能源转型的每一步

图2-5　中国历史煤炭消费量与年均灰霾天数

数据来源：《中国煤炭消费总量控制方案和政策研究项目》课题组：《煤炭使用对中国大气污染的贡献》，2014年。

发展都是在增加氢的比例、降低碳的比例。与石油天然气相比，煤炭中每个分子包含氢原子含量最低、碳原子含量最高。煤炭是高投入、高消耗、高污染的能源品种，如果使用相对清洁的石油和天然气作为燃料来替代煤炭，环境问题将得到有效缓解，能源的利用效率也会得到较大幅度的提升。

　　第三，背离城镇化。随着社会生产力的发展，我国正积极迈向城镇化道路，实现农村和农业现代化。能源作为重要的生产生活必需品，同样需要更新替代。油气具有比煤炭更清洁、更高效的特征，是推动城镇化发展的主要驱动力量。如果我们仍然停留在煤炭时代，将无法满足能源优质化使用的需求，这与城镇化发展方向是相背离的。

三、重煤轻油的主客观因素

造成能源代际更替滞后固然有客观因素，但更重要的是主观因素。

一是认为我国资源禀赋"多煤贫油少气"。一种流行观点强调，中国以煤炭为主的能源消费结构是由中国"多煤"的资源禀赋特征决定的。现在看，这种观点已很难成立。中国确实拥有丰富的煤炭资源，但是并不"贫油、少气"，相反还拥有较为丰富的油气资源。根据《全国石油天然气资源勘查开采通报》（2013年度）数据，截至2013年底，全国石油剩余技术可采储量33.67亿吨，天然气剩余技术可采储量为4.64万亿立方米。可见，中国既不贫油也不少气，以此认为中国应以煤炭为主要能源的观点并不成立。

二是传统能源安全观中重煤轻油。1993年开始，中国成为石油净进口国，石油安全被确定为我国最重要的能源安全领域。国内对石油安全的担忧主要集中在3个方面。一是供应安全，认为油气对外依存度越高，越是受制于人，安全威胁也越大，战时将陷于缺油无气的被动局面。二是价格安全，认为国际油价波动受政治、金融等非供求因素影响较大，油价持续升高可能引发经济危机或会超出可承受范围。三是通道安全，认为石油运输过度依赖马六甲海峡和其他热点地区，具有政治和安全上的风险。多年来形成的能源安全观赋予了石油、天然气较多的国家战略和地缘政治色彩，在能源安全与国家安全间建立起密切关联，并将油气供给安全等同于尽可能提高能源自给水平，立足于本国煤炭资源较多的国情，尽可能多地使用煤炭，减少油气对外依存度。

三是长期实行煤为基础的能源政策。我国长期执行煤为基础的能源政策。历次五年规划中，都高度重视煤炭工业在国民经济中的地位。比如，国家"九五"规划纲要明确："能源建设以电力为中心，以煤炭为基础"。"十五"规划纲要提出："以煤炭为基础能源，提高优质煤比重。"《能源中长期发展规划纲要（2004—2020）》提出，能源工作指导方针是"煤为基础、多元发展，立足国内、开拓国外"。中央关于"十一五"规划的建议和国家"十一五"规划纲要都明确："坚持节约优先、立足国内、煤为基础、多元发展"的能源发展方针。

近年来，煤为基础的能源政策有所变化。"十二五"规划中，没有再强调煤炭的基础地位。2011年8月，国务院在发布"十二五"节能减排综合性工作方案时提出："在大气联防联控重点区域开展煤炭消费总量控制试点"[10]。2013年新一届政府上任后，特别是很多大中城市雾霾问题严重后，国家开始注意减少煤炭的使用。2013年国务院发布的"大气十条"，明确提出"控制煤炭消费总量"[11]。但以煤为主的能源格局已经形成，短时间内靠行政手段、下达指标的办法进行控制并非易事。

第三节　国产油气保障程度下降

　　长期以来，中国在提高油气自给能力方面作出了很大努力，但实际效果并不理想。1993 年我国成为石油净进口国，之后进口量、对外依存度持续上升。《能源发展"十二五"规划》要求，"着力增强能源供给保障能力，完善能源储备应急体系，合理控制对外依存度，提高能源安全保障水平"。到 2014 年底，我国原油进口3.08 亿吨，对外依存度近 60%。（图 2-6）

图 2-6　油气对外依存度不断攀升

数据来源：Wind 资讯。

　　未来，随着能源需求上涨，油气对外依存度有可能继续提高，国内油气供需失衡问题有可能进一步加剧。据 BP 预测，到 2035

年，中国能源总需求要在目前的基础上增长 60%，总量超过 43 亿吨油当量，其中煤炭占比仍高达 51%，石油消费量达 9 亿吨，即使石油产量仍保持高峰期，对外依存度也将超过 72%。考虑到生态文明对能源结构改善的要求，以及 CO_2 排放的限制，煤炭绝对量和相对比例都要降低，煤炭占比必须降到 40% 以下，因此油气比重还要进一步提高。但是，如果国内油气行业的产量与增速仍然有限，对外依存度有可能突破 75%。

中国油气资源保障程度下降的原因主要包括以下几个方面：

第一，探明程度低。根据 2012 年油气资源动态评价和 2013 年度《全国油气矿产储量通报》，中国石油总可采资源量为 263.98 亿吨，累计探明技术可采储量 93.67 亿吨，剩余可采资源量 203.98 亿吨；天然气总可采资源量为 27.5 万亿立方米，累计探明技术可采储量 6.087 万亿立方米，剩余可采资源量 26.05 万亿立方米。

照此计算，中国目前石油和常规天然气探明率很低，仅为 35.48% 和 22.13%，分别属于刚刚跨越和正处于勘探早期阶段[1]，远低于世界油气探明程度 40%—50% 的平均水平，而一些国家的探明率甚至能够达到 70%。

第二，可采储量增长缓慢。近年来，我国油气勘探技术水平和资本投入提高都很快，但却出现石油储量增长非常缓慢的状况。

自本世纪初到 2013 年，剩余可采储量平均年增率仅为 0.17%。值得一提的是，2000 年至 2010 年间，剩余可采储量不增反降，年增率为 −0.56%。[12]

---

① 根据国际通用标准，探明程度＜30% 的为勘探早期阶段，探明程度为 30%—60% 的处于勘探中期阶段，探明程度＞60% 的为勘探晚期阶段。

　　第三，未动用储量较大。中国存在相当数量的已探明却长期未动用的储量，这反映我国探明资源有相当大程度上的浪费，油气开发程度不足。

　　根据 2013 年度《全国油气矿产储量通报》，全年石油地质储量和可采储量中的未开发储量分别达 85.11 亿吨和 10.71 亿吨，未开发率分别为 21.9% 和 12.5%；该年天然气地质储量和可采储量中的未开发储量分别达 5.62 万亿立方米和 0.54 万亿立方米，未开发率分别为 42.3% 和 23.7%。

　　第四，勘探开发投入不足。据三大油气企业披露的公司年度报告分析，2000 年以来，石油企业的勘探投入增长较快，但与收入相比，所占比重不断下降，勘探投入严重不足。以中石油为例，2000 年勘探费占公司总收入、勘探开发收入、勘探开发经营支出的比重分别为 3.54%、5.08%、13.91%，而到 2012 年，则持续下降到 1.09%、3.04%、4.17%；12 年中收入增长了 8.95 倍，总资产增长 5.06 倍，勘探生产经营费用支出增加了 9.21 倍，但勘探费用只增长了 2.76 倍，勘探费用占比重持续下降。

第四节　油气企业大而不优大而不活

　　近年来，几家大型油气企业的经营状况和盈利能力出现不同程度的下降，对国家的股东回报不大，油气产业国际竞争力总体上不高。

中国油气企业是国际市场中的大企业，这个"大"表现在油气储量、总资产、总市值、营业收入、人员配置等方面。为了对比中外油气企业的规模和效益，本书选取了 2 家国内公司（中石油和中石化①）和 4 家国外知名公司（英国石油、雪佛龙、道达尔、埃克森美孚②）作对比，这 6 家公司都是油气行业的前十大国际公司，具有较强的代表性③。

一、企业规模庞大

储量方面，中石油无论在石油还是天然气方面，都比上述几大国外石油公司储量要高。以 2013 年计，其石油储量达 33.6 亿吨，是埃克森美孚的近一倍；天然气储量达 30157 亿立方米，比埃克森美孚高近 1/3。炼油能力方面，中石化的炼油能力较强，2013 年统计数据为 26195 万吨，仅次于埃克森美孚公司的 26875 万吨炼油能力。[1]

总资产方面，中石油总资产额高达 3.8 万亿元，而中石化总资产额也高达 2.1 万亿元。单就上市资产来说，中石油在 6 家公司中

---

① 公司名称：中国石油天然气股份有限公司；股票代码：601857（A 股），PTR.N（美股），0857.HK（港股）；公司网址：http：//www.petrochina.com.cn。公司名称：中国石油化工股份有限公司；股票代码：600028（A 股），SNP.N（美股），0386.HK（港股）；公司网址：http：//www.sinopec.com。

② 公司名称：英国石油公司；股票代码：BP.N；公司网址：www.bp.com。公司名称：雪佛龙公司；股票代码：CVX.N；公司网址：http：//www.chevron.com。公司名称：道达尔公司；股票代码：TTA.L；公司网址：www.total.com。公司名称：埃克森美孚公司；股票代码：XOM.N；公司网址：http：//www.exxonmobil.com。

③ 鉴于信息披露程度不同，本书选取国内公司的财务数据分别来自于中石油股份有限公司和中石化股份有限公司。

拥有最高的总资产金额。

总营业收入方面，2013 年中石油总营业收入为 2.75 万亿元，中石化总营业收入达 2.95 万亿元。仅就两家集团的上市资产来看，其总营业收入均与国际企业水平相匹敌，特别是中石化的总营业收入在 6 家公司中最高，中石油与英国石油、埃克森美孚保持在同一水平，高于雪佛龙和道达尔。（图 2–7）因此，从总资产和总营业收入看来，中石油和中石化都表现良好，是名副其实的大公司。

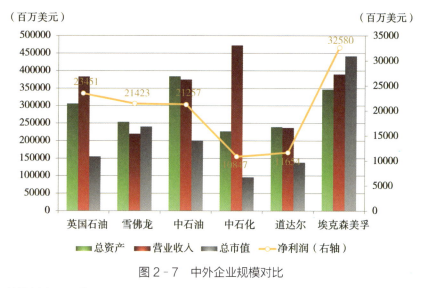

图 2-7　中外企业规模对比

数据来源：Wind 资讯。

凸显中国油气企业之"大"的另一个指标是总员工人数。从图 2–8 的对比中可以发现，中石油、中石化的员工人数在 6 家公司中与人均指标呈反比。根据 2013 年年报，中石油和中石化的员工人数分别达到 54.4 万和 36.8 万之多，而英国石油、雪佛龙、道达尔和埃克森美孚的员工人数仅为个位数（以万为单位），与中石油、中石化的员工人数相差甚远，4 家公司的总员工人数都不敌中石油一家公司，更不用提与集团公司相比了。[①]

二、人均绩效较低

庞大的员工队伍带来了人员效率低下、人员成本费用较高等问题。从各家公司人均指标来看，即便中石油、中石化的总资产和总营业收入金额较高，但是这样一个负载几十万名员工的上市公司，在人均指标上表现较差。

对比人均总资产，中石油和中石化明显低于其他 4 家公司，与中石油总资产基本持平的埃克森美孚，其人均总资产是中石油的近 6 倍。

在人均总营业收入方面，中石油、中石化远低于其他各家国外石油公司，人均总营业收入最高的埃克森美孚约为中石油的 7 倍。

人均净利润方面，中石油、中石化与英国石油、雪佛龙、道达尔和埃克森美孚同样存在较大差距，人均净利润最高的埃克森美孚竟是中石化的 13 倍以上。（图 2-8）

以上人均指标中，使用的是中石油股份有限公司披露的数据，而中石油集团公司的表现更差。2013 年，中石油集团员工总人数达 153.4 万，人均总资产、人均营业收入和人均利润分别仅约为上市公司人均指标的 57%、43% 和 35%。

---

① 中石油集团 2013 年统计显示员工总人数达 153.4 万人。

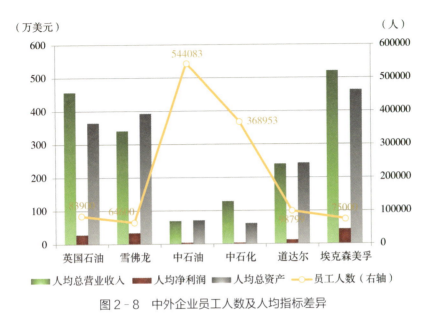

（万美元）　　　　　　　　　　　　　　　　　　　（人）

图2-8　中外企业员工人数及人均指标差异

数据来源：Wind 资讯、企业年报。

因此，尽管从总体指标来看，中石油和中石化（无论是集团公司和还是上市公司）的企业规模都非常大，但是庞大的员工人数导致各指标被人均化后与国外企业的差距明显拉大。

三、盈利能力薄弱

总资产与营业收入较高，并不代表油气公司的盈利能力出色。从净利润来看，2013 年，在这 6 家公司中，中石化的净利润最低，中石油稍强于道达尔，是净利润第三低的油气企业。中石油与埃克森美孚的营业收入相当，但净利润仅是埃克森美孚的 67% 左右。（图 2-9）

由于盈利能力同时还受资产规模、权益总额等因素的影响，

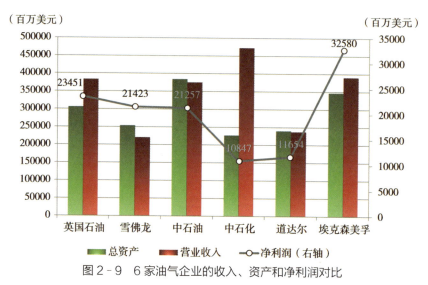

图2-9 6家油气企业的收入、资产和净利润对比

数据来源：Wind 资讯。

单纯使用净利润这样的绝对值来评价企业的盈利能力仍有片面性，应考虑投入资本水平的差异情况。因此，财务比率指标更能准确反映企业的盈利能力，并能够将盈利能力具体细化。

（一）净资产收益率

评价企业盈利能力时最常见的指标是净资产收益率，它也是国资委考核央企经营绩效的重要指标之一，用以衡量企业运用自有资本的效率，反映了股东权益的收益水平。净资产收益率越高，说明企业的盈利能力及经营管理水平越好。

6家公司中，埃克森美孚、英国石油和雪佛龙的净资产收益率均高于行业平均[①] 水平，净资产收益率最高的埃克森美孚是中石油

——————————

① 行业依照 GICS 行业分类标准。

和中石化的 1.6 和 1.5 倍。中石油和中石化的净资产收益率则低于行业平均水平，特别是中石油，虽然在净利润上与雪佛龙基本处于同一水平，但净资产收益率却只有雪佛龙的 78.7%。因此，从自有资本的运用效率来看，与除道达尔之外的 3 家国际企业相比，中石油和中石化的单位净资产创造净利润的能力较差，自有资本运用效率较低。（图 2–10）

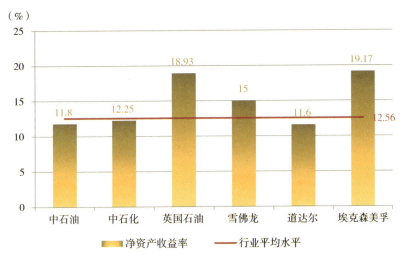

图 2‑10　6 家中外油气企业的自有资本运用效率对比

数据来源：Wind 资讯。

(二) 销售净利率

销售净利率是企业盈利能力的主要指标之一，其反映了每单位销售收入能够带来的净利润，代表着企业一定时期的获利能力，该指标越高说明企业的获利能力越强。

中石油、中石化 2013 年的销售净利率均低于行业平均水平，特别是中石化仅为平均水平的 31%。虽然中石油和雪佛龙的净利

润基本持平，但是由于销售净利率的差异，中石油需要高得多的营业收入来产生相同的净利润。（图 2–11）

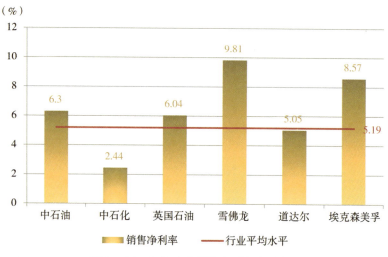

图 2‑11　石油企业销售净利润率对比

数据来源：Wind 资讯。

（三）总资产回报率

资产利用能力的评价指标是总资产回报率，该指标反映了企业在一定时期内单位资产的获利能力，是评价企业总体运营效益和管理水平的重要指标。与净资产收益率不同，总资产回报率考虑的是包括净资产和负债的总体资产盈利能力。该指标越高，说明企业的投入产出水平越好，资产营运能力越高。除道达尔以外，剩下 3 家国际油气企业的总资产回报率较高，而中石油、中石化在这 6 家企业中仍处于较低水平，虽然中石油 2013 财年的总资产回报率略高于行业平均水平，但与埃克森美孚、雪佛龙和英国石油相比仍有较大差距，资产运营能力仍然薄弱。（图 2–12）

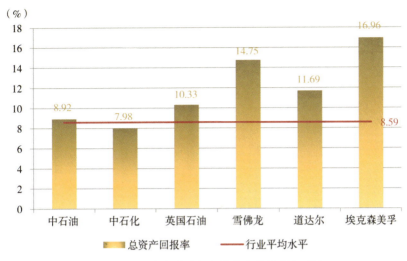

图 2‑12　6 家中外油气企业资产营运能力对比

数据来源：Wind 资讯。

上文通过净利润率、净资产利润率和总资产回报率 3 个指标分别对比了 2 家国内企业和 4 家国外企业的获利能力、自有资本运用能力和资产运营能力，综合评价了中国 2 家企业在整体行业和国际中的盈利能力。分析发现，中国油气企业的盈利能力薄弱，基本上处于行业中下游水平。而中石油集团整体的总资产回报率则更低，约为 3.7%，无法与国际企业相匹敌。

（四）企业利润下滑较多

近年来，中石油、中石化和中海油这三大油气企业的盈利能力总体呈下滑趋势。图 2–13 显示了三大油气企业近些年来的净利润和增速变化情况，可以发现，中石油和中石化的总体净利润在近两年呈下滑趋势，净利润增速也明显放缓，特别是，2014 年受国际原油价格下跌影响，中石油和中石化净利润有明显下滑。但是，中海油表现良好，2014年净利润反而同比增长6.62%。

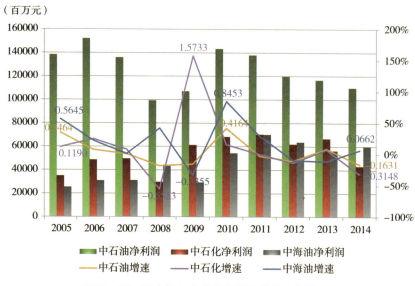

图2-13　三大油气企业净利润及增速变化情况

数据来源：Wind资讯。

　　财务数据的比率能够更加客观地反映企业整体的盈利能力变化情况。以中石油为例，2005—2013年间，4项能够反映企业盈利能力的财务比率指标均呈整体大幅下降趋势。（图2-14）随着中国经济的飞速发展、技术的进步和企业经营管理水平的不断提高，油气企业的盈利能力不升反降这一事实值得社会深思。

　　油气资源能够为企业和国家创造更多的财富，同时也是国家的经济命脉和社会发展的重要支撑，更多地掌握油气资源，对于企业乃至整个国家来说都是至关重要的。

　　与此同时，企业具备较强的盈利能力，才能保证资源有效开发利用。油气企业作为大型央企，依托于国家财政，使用较高的资

（%）

图 2‑14　中石油盈利能力变化情况

数据来源：Wind 资讯。

本获取较低的利润，是对社会资源的浪费。另外，企业盈利能力薄弱导致行业效率低下，也会影响国家整体税收水平和财政收入，阻碍国家经济实力的提升。

　　通过分析我们发现，中国油气企业的获利能力、自有资本运营效率和资产运营能力普遍较弱，与国际知名油气企业仍存在较大差异，且处于 GICS 行业分类统计企业中的中下游水平。高行业集中度并没有带来中国企业较高的盈利能力，依托政府支持和行业准入限制，人员冗余、管理不善等问题导致中石油和中石化大而不强、大而不优，在世界油气企业中竞争力明显较弱。在油气市场国际化进程中，中国油气企业薄弱的盈利能力使得其在竞争中处于劣势。

第五节　油气财富没有全民共享

　　油气资源是全民财富，油气企业创造的财富应当全民共享。《中华人民共和国宪法》第一章《总纲》第九条明确规定："矿藏、水流、森林、山岭、草原、荒地、滩涂等自然资源，都属于国家所有，即全民所有"。政府赋予油气企业专营油气和石化经营开发的权利，油气企业的收益与这种专营权密不可分。油气企业在满足自身运营成本、扩大再生产需求之后，通过利用全民所有的财产创造出来的财富应当在最大程度上与全民分享。目前，这种分享方式主要包括缴纳税费和上缴利润两种形式，在分享数量上很不合理。与此同时，国内油气企业却为部分企业员工带来了超出社会平均水平的优越福利，加剧了社会分配不公。因此，通过税费等经济手段的调整和改革，保证油气财富实现全民共享，是油气改革的一个重要方面。

一、企业缴纳税费

　　油气企业属于资源类企业，其税费种类与常规企业存在不同。以中石油为例（表 2-1），除常规税种以外，中石油还需缴纳资源税和石油特别收益金。资源税按原油及天然气销售额的 5% 或 6% 收缴；石油特别收益金（俗称"暴利税"）按销售国产原油价格超过一定水平所获得的超额收入计算，税率在 20%—40%。

必须指出，油气企业在各项税费中也享有优惠待遇。在增值税方面，中石油享受进口天然气按比例返还进口环节增值税的待遇。企业所得税方面，油气企业在西部地区设立的分公司及子公司享受 15% 的优惠税率。另外，最重要的是，自 2011 年 11 月 1 日起，石油特别收益金起征点调整至 55 美元，2015 年 1 月 1 日起调高至 65 美元，中石油缴纳的石油特别收益金计费标准下降。（表 2–2）

表 2–1　国有石油企业需要缴纳的一般税和特种税

税种	税率	计税基础及方法
增值税	6%、11%、13% 或 17%	按应纳税增值额计算。应纳税额按应纳税销售额乘以适用税率扣除当期允许抵扣的进项税额后的余额计算
资源税	5% 或 6%	按原油及天然气销售额计算
营业税	3%	按输油输气劳务收入计算
消费税	从量计征	按应税产品的销售数量计算缴纳。无铅汽油、石脑油、溶剂油和润滑油按每升 1.0 元、1.12 元或 1.4 元，柴油和燃料油按每升 0.8 元、0.94 元或 1.1 元计算应纳税额
企业所得税	15% 或 25%	按应纳税所得额计算
矿产资源补偿费	1%	按石油、天然气销售收入计算
石油特别收益金	20% 至 40%	按销售国产原油价格超过一定水平所获得的超额收入计算
城市维护建设税	1%、5% 或 7%	按实际缴纳营业税额、增值税额和消费税额计算

数据来源：中石油 2014 年财务报告。①

---

① 自 2014 年 12 月 1 日起，原油、天然气矿产资源补偿费费率降为零。

表 2-2 中石油各项税费的优惠待遇及变化

增值税	根据财政部、海关总署、国家税务总局《关于对 2011—2020 年期间进口天然气及 2010 年底前"中亚气"项目进口天然气按比例返还进口环节增值税有关问题的通知》（财关税〔2011〕39 号），在经国家准许的进口天然气项目进口天然气价格高于国家天然气销售定价的情况下，本集团进口天然气（包括液化天然气）的进口环节增值税将按该项目进口天然气价格和国家天然气销售定价的倒挂比例予以返还
资源税	根据《关于修改〈中华人民共和国资源税暂行条例〉的决定》（国务院令第 605 号），自 2011 年 11 月 1 日起，对于在中华人民共和国领域及管辖海域开采原油及天然气的单位和个人，原油、天然气资源税实行从价计征，税率为 5%—10%。根据《中华人民共和国资源税暂行条例实施细则》（财政部、国家税务总局令第 66 号），原油和天然气的适用税率为 5%。根据国家税务总局《关于调整原油、天然气资源税有关政策的通知》（财税〔2014〕73 号），从 2014 年 12 月 1 日起将原油、天然气矿产资源补偿费率降为零，相应将资源税适用税率由 5% 提高至 6%
消费税	根据财政部、国家税务总局《关于提高成品油消费税的通知》（财税〔2014〕94 号），自 2014 年 11 月 29 日起，将汽油、石脑油、溶剂油和润滑油的消费税单位税额由每升人民币 1.0 元提高到每升人民币 1.12 元；将柴油、燃料油的消费税单位税额由每升人民币 0.8 元提高到每升人民币 0.94 元。根据财政部、国家税务总局《关于进一步提高成品油消费税的通知》（财税〔2014〕106 号），自 2014 年 12 月 13 日起，将汽油、石脑油、溶剂油和润滑油的消费税单位税额由每升人民币 1.12 元提高到每升人民币 1.4 元；将柴油、燃料油的消费税单位税额由每升人民币 0.94 元提高到每升人民币 1.1 元。航空煤油继续暂缓征收
企业所得税	根据财政部、海关总署、国家税务总局《关于深入实施西部大开发战略有关税收政策问题的通知》（财税〔2011〕58 号），自 2011 年 1 月 1 日至 2020 年 12 月 31 日，对设在西部地区的鼓励类产业企业减按 15% 的税率征收企业所得税，本公司设在西部地区的部分分公司及子公司适用 15% 的优惠税率计算并缴纳企业所得税
石油特别收益金	根据财政部《关于提高石油特别收益金起征点的通知》（财企〔2011〕480 号），自 2011 年 11 月 1 日起，石油特别收益金起征点为 55 美元/桶，实行 5 级超额累进从价定率计征

数据来源：中石油 2014 年财务报告。①

---

① 根据财政部《关于提高石油特别收益金起征点的通知》（财税〔2014〕115 号），自 2015 年 1 月 1 日起，石油特别收益金起征点提高至 65 美元/桶，仍实行 5 级超额累进从价定率计征。

石油特别收益金是油气税费的重要部分，特别收益金的下降，在很大程度上影响着企业上缴税费的总金额。根据中石油的财务报告，石油特别收益金起征点提高对应缴纳总额造成影响，2011年应缴纳的石油特别收益金从人民币1024.58亿元减少到2012年的人民币791.19亿元，少缴纳233.39亿元，下降幅度高达22.8%。2013年下降幅度有所缓解，但仍较上一年减少63.93亿元。到2014年，受全球油价下跌影响，特别收益金缩减至643.76亿元。根据财政部《关于提高石油特别收益金起征点的通知》（财税〔2014〕115号），自2015年1月1日起，将石油特别收益金起征点提高至65美元/桶，仍实行5级超额累进从价定率计征。如果油价仍然保持较低水平，预计未来企业缴纳的石油收益金将更少。

二、企业上缴利润

我国具备探勘开发权的油气企业均为国有属性，企业在享有特权的同时，也要履行相应义务，上缴利润即是其中的一种形式。油气企业利润上缴标准曾进行过调整，2014年4月17日发布的《关于进一步提高中央企业国有资本收益收取比例的通知》，油气企业应缴利润收取比例由15%提高至20%。

但从实际效果来看，企业上缴的利润又通过补贴方式回流，实际上缴金额变得更少。根据2013年数据，上缴标准为15%，当年石油石化国有企业上缴的利润为298.65亿元[①]，而当年中石油和

---

① 财政部：《2013年全国国有资本经营收入决算表》。

中石化共获得补贴就达 127 亿元，占补贴总额的 17.7%①，这相当于企业上缴的利润又被以补贴的形式回流到企业，企业实质上缴利润将低于 15%。如此低标准的利润上缴比例和上缴利润又以各种补贴方式回流，妨碍了油气资源的全民共享。

其他国家油气企业实现财富共享的方式主要有两种，一是企业将收益回报给股东，二是油气企业通过分成合同给予国家回报。中国油气企业对国家的股东回报较少，发达国家国有企业一般要上缴 50% 的红利。另外，我国并不存在通过分成合同给国家回报的方式。

---

① 中石油、中石化 2013 年年报。

第三章
制约油气行业健康发展的体制原因

新中国成立以来，油气作为一种关乎国计民生、国家安全的战略资源，长期由少数企业上下游一体化经营。在确立社会主义市场经济后，油气行业较早进行市场化、企业化改革，中石油、中石化、中海油在 1999 年先后完成在美国、中国香港上市。油气行业体制改革曾对我国经济体制改革起了推动作用。但油气企业是由原政府部门改制形成的，长期的计划体制使这一领域在管理方式、发展模式带有强烈的计划经济、行政管理色彩。在政府层面，出于对油气重要作用，以及对国家能源安全、国有经济主导地位等考虑，国家长期以来在思想上、行动上把油气作为战略物资，在法律法规、行政管理、经济政策、资源配置、价格进口等多方面给予特殊安排，形成了政府管控下的高市场集中度。多方面的因素促使油气长期脱离了商品属性，企业只在有限市场内竞争，造成竞争不充分，缺乏活力。与此同时，油气收益分配制度不合理；政府对油气的监管体系不健全，管理缺位与越位并存；油气法规废改立滞后，给依法行政带来很多障碍。本报告试从油气全产业链的角度，对油气体制中存在的问题进行分析。

第一节 矿 权

在国家的行政管制下，油气上游开发集中度较高，主要表现在：法规上对勘查开采准入进行了限制、将勘查资质与探矿权申请绑定、矿业权持有成本过低，造成勘查区块"圈而不采"、对外合作专营，直接影响油气资源资本投入和中下游产业的发展。

一是实行油气勘探开发准入制度，严格限制市场主体数量。法规规定，在我国从事油气资源勘查开发的企业须经过国务院批准，目前只有中石油、中石化、中海油和延长石油4家国有石油公司获准在中国境内从事油气资源勘查开发，其他石油公司、国外企业不能直接获取矿业权，要参与上游业务，必须与4家企业合作。这意味着在我国石油行业上游市场上，仅有4个市场主体，简单通过政策调整，难以刺激市场化进程。如果说存在众多经营主体是任何市场运作的必备条件，那么这种被称为上游准入的特许权，则是阻滞油气行业改革的核心问题。

二是勘查资质与探矿权申请绑定，限制了勘查技术市场化发展。《矿产资源勘查区块登记管理办法》规定，企业申请探矿权登记时，须提交相应的勘查资质证书。《地质勘查资质管理条例》则规定了勘查资质的申请条件。由于在油气领域只有国务院批准的上述4家企业具有油气勘查资质，而后续进入油气勘查领域的投资企业，一般都不具备申请勘查资质的条件，也不可能在申请前即成立勘查企业、配备设备和人员。因而勘查资质与探矿权申请的绑定，事实上制约了油气矿业权和勘查技术市场的开放。

三是申请登记和无偿取得探矿权造成对资源的垄断。我国长期实行油气矿业权登记制度，少数国有企业通过"申请在先"的方式，无偿取得油气探矿权，而国际上则普遍采用招标等竞争方式出让油气区块，截至 2015 年初，全国共设置石油、天然气、煤层气、页岩气探矿权 1030 个，面积 407.38 万平方千米，采矿权 705 个，面积 14.31 万平方千米。油气矿业权分布范围涵盖了除上海市以外的 30 个省（区、市）以及渤海、黄海、东海、南海等海域。勘查区块中，中石油、中石化、中海油探矿权覆盖面积分别占全国的 36.31%、24.26% 和 36.36%，其他企业仅占 3%；采矿权覆盖面积 3 家国企各占 76.72%、17.53% 和 4.87%，其他企业仅占 1%。因此通过申请在先登记和无偿取得探矿权，使 4 家企业占有几乎全部的资源开发有利区，形成了对油气资源经营的集中度过高。

四是探矿权持有成本低，造成"圈而不探"。国有企业对于登记获得的探矿权，只须交付最高每年 500 元 / 平方公里的探矿权使用费。最低勘查投入只需 10000 元 / 平方公里。探矿权持有成本很低，因此具备资质的油气企业在很短时间内就把具备油气前景的含油气盆地登记殆尽，事实上已经形成对有利区块的全覆盖，使其他油气企业根本没有参与勘探开发竞争的空间和机会。

各大油气公司登记的可勘查区块主要集中于资源丰度高的有利区。登记的可勘查区块中，相当一部分没有完成法定的最低勘查投入要求，有些区块甚至多年没有实际投入。由于油气区块退出机制不健全，缺乏监管和后续处理办法，油气矿业权无法在市场上流转，造成部分国家资源的闲置和浪费。

五是对外合作专营权限制了国外资本投入和技术引进。为了在油气领域统一引进外资、对外合作，我国分别于 1982 年、1993年制订了《对外合作开采海上石油资源条例》和《对外合作开采陆上石油资源条例》，规定中海油在海上对外专营，中石油、中石化在陆上对外专营，目前这个专营格局没有改变。对外合作的专营同样严重限制了油气投资、技术引进和市场活力，中海油登陆、中石油和中石化下海同样不能对外合作，更不用说其他市场主体。

第二节　管　网

油气管网运输包括长距离干线管网和城市燃气管网，基本采用了纵向一体化的经营模式。

长距离干线管网运输方面。1998 年国务院重组全国石油产业时，将一部分上游业务划拨给中石化，一部分下游业务划拨给中石油，其中中石油保留了较多的油气干线管网，两个企业都实现了纵向一体化经营。当时尽管有管道独立于石油公司的声音，但由于当时中国管道网络建设里程数少，采取将管道资产仍然保留在几大公司内部，上中下游一体化经营的模式，可以保证企业对管网建设的投资力度，有利于企业快速成长。截至 2014 年底，我国已建成原油管道 2.03 万千米，成品油管道 1.93 万千米，天然气管道干线、支干线 6 万千米左右。形成了横跨东西、纵贯南北、联通海外的油气管网格局，其中包括西气东输天然气管道、中俄原油管道、中缅油气管道等多条跨境管道。

城市燃气管网方面。我国城市燃气管网近发展迅速，城市燃气利用普及率从 2006 年的 79.1% 上升至 2012 年的 93.2%，县城及小城镇的燃气普及率达到 68.5%。2012 年末，新建城镇燃气管道超过 10.5 万千米，城镇燃气管道总长度达到 46 万千米。目前，我国城市燃气管网主要由各市燃气企业建造、所有和运营，全国燃气企业数量众多，主要有三类：(1) 有地方政府背景的国有企业，其经营范围以我国直辖市或大型省会城市为主，如北京燃气等。(2) 民营企业，2000 年后我国城市燃气企业陆续民营化改制，诞生了一批民营企业，如新奥燃气和二、三线城市民营燃气公司。(3) 外资企业，20 世纪 90 年代，以港资为主的外资以参股、收购等方式获得国内不少城市燃气市场 20—30 年的独家经营权，如中华煤气等。随着中国清洁能源快速发展，城市燃气行业还将持续高速增长，管网建设也将迎来一个快速增长期。

目前，长输管网主要由三大油气企业掌握，互相之间独立运营；而城市燃气管网企业虽数量众多，但单个城市一般由一家燃气企业负责输配气一体化经营。无论长输管网还是城市燃气管网，纵向一体化经营的弊端已经开始显现。存在的主要问题是：

一是利用市场支配地位，不向第三方开放，限制了市场竞争。因长输管道资源由三大油气企业掌握，三大油气企业的天然气管道互不联通，造成有的地方交叉重复、空置浪费，有的地方建设不足、运行饱和，整体设施潜力未能得到充分发挥。而城市燃气管网由各地燃气企业垄断，其他燃气企业进入当地燃气供应与销售市场受制于管道运输，直接导致单个城市燃气市场竞争缺失，从而形成垄断经营格局。

　　二是社会资本进入管网建设领域面临较大阻碍。在 2010 年和 2013 年公布的"非公 36 条"，均提出"鼓励民间资本参与石油天然气建设"，但在具体要求中又明确，民间资本与国有石油企业的关系是"合作"、"参股"。迄今为止，天然气仍是特许经营商品，在制度安排上未允许各类市场主体公平进入、充分竞争。

　　三是国家对油气管网运输缺少监管。目前政府部门对油气管网运输的价格、建设、运行的监管处于缺位状态，基本上是"以批代管"；城市燃气管输费用捆绑在气价中，既不公开，也不透明；虽然能源主管部门在管网向第三方开放问题上提出过要求，但在实际中很难落实。

第三节　流　通

　　改革开放后，我国成品油市场经历过一段从完全计划向市场化的转型，但到了 20 世纪 90 年代，在国际油价持续下跌、石油行业经营低迷以及国企脱困改革的背景下，国家以产业重组和加强行政管制的方式对国有企业进行保护，在流通领域开始限制民企准入。之后为了整顿市场秩序，又通过行政命令加强了国有石油企业对下游流通市场的控制。

第一，原油进口环节仍实行国营贸易管理，同时允许一定数量的非国营贸易进口。但事实是，中石油、中石化、中海油、珠海振戎公司和中化集团，这 5 家国有企业进口的原油总量占整个原油进口的 90% 以上。主要原因是，民营油企要想实现原油非国营贸易进口，一需要资质，二需要配额，三需要获得中石油和中石化同意购买非国营配额的原油并安排生产的书面文件，海关才会批准办理通关手续，铁路部门才会安排相应的运力配合。民营企业一般无力达到相关要求，只好放弃原油进口配额。2014 年 8 月，新疆广汇石油有限公司获得了商务部原油非国营贸易进口资质，年进口配额 20 万吨，这意味着我国原油进口的特许经营出现了松动的迹象。

第二，原油批发零售环节由少数企业特许经营。根据 2006 年商务部出台的《成品油市场管理办法》规定，成品油批发企业必须拥有库容不低于 10000 立方米的成品油油库，这项规定决定了我国成品油批发和仓储连在一起的基本现状。据商务部统计，2013 年底颁发新成品油批发资质的企业总数已达到 277 家。其中属于中石油、中石化、中海油、中化、中航油 5 家央企直属或控股的石油公司为 67 家，占 24.2%；其他企业合计 210 家，占 75.8%，其中，其他国有及民营企业 199 家，占企业总数的 71.8%；合资企业 11 家，占企业总数的 4.0%。

尽管企业数量占比并不多，但石油央企的原油产量和零售份额依然占据绝大多数。截至 2013 年，三大油气企业占据国内原油产量的 94%，原油加工量的 81%，零售市场份额的 82%。其中，中石油控制了国内 53.92% 的原油产量、39.3% 的油品零售量、

73.9% 的天然气产量和 77% 的天然气管道；中石化则控制了全国47.3% 的炼油能力和 36.34% 的油品零售量。[13]

第三，天然气进口和销售中三大油气企业占主导地位。无论是管道天然气进口还是 LNG 进口，三大油气企业都占有较大的市场份额。目前只有新疆广汇在 2013 年开始从哈萨克斯坦进口少量管道天然气（管道设计能力 150 万立方米 / 年），新奥集团在 2014年底经中石油江苏如东接收站进口 6 万吨 LNG。

在民营企业进口天然气方面，国家尽管没有明确的禁止性法规，但限于进口基础设施的排他性（三大油气企业基本控制我国所有的跨境管道和沿海接收站），民营企业很难实现从国外进口天然气，一般是通过三大油气企业代为进口。而三大油气企业利用自身在天然气进口领域的支配地位，往往不顾及进口成本，出现"企业亏损，全民买单"的情况。例如中石油进口中亚天然气的价格高于其销售价格，国家还需要每年给予中石油以天然气进口补贴；在2011 年，中海油与中石油竞争卡塔尔 LNG 进口合同，为了保有其在 LNG 进口方面的支配地位，中海油还是与卡塔尔签订了高价的LNG 进口合同。

而在 2011 年后，美国页岩气蓬勃发展的影响逐渐显现，使得全球天然气价格出现大幅下降，亚洲 LNG 现货到岸均价从 2013 年的 18 美元 / 百万英热单位，已经下降到不到 8 美元 / 百万英热单位。但三大油气企业限于此前签署的天然气（管道和 LNG）长期协定的要求，其进口价格依然高于 10 美元 / 百万英热单位。

在全球天然气格局发生巨大变化的情况下，世界天然气价格很难再像前 5 年一样保持高位，未来 5—10 年将保持在一个较低的水平。有鉴于此，我国应鼓励民营企业参与天然气进口，并对相关的进口壁垒进行梳理，利用民企开展业务灵活的优势，降低我国天然气消费成本。

石油央企内部交叉补贴严重

炼油环节的亏损一直是石油企业向国家申请补贴的理由，但这一领域也未向其他资本完全放开，主要原因在于国有石油企业可通过这一环节的支配地位，挤压民营炼油企业和民营加油站的获利空间。

根据《证券市场周刊》数据，2011年中石油自采原油1.2亿吨，它将一半自采原油对外直接销售，销售量为0.62亿吨，内部销售量为0.58亿吨，外部采购为0.76亿吨。中石油将自采原油对外高价销售，同时高价由外部采购原油。

这样做的结果是，对外销售的价格比较高，给企业带来较高的利润；外采的原油价格也比较高，给外界造成一种炼油成本很高的表象，可以通过这样的手法要求国家对炼油板块进行补贴。根据1998年原国家计委《原油成品油价格改革方案》及2009年国家发改委《石油价格管理办法（试行）》规定，两个集团内部油田与炼厂之间购销的原油价格由集团公司自主制定。而自其他石油集团或进口原油按照国际原油市场价格定。

中石油直接对外销售原油，无疑会大幅增加生产与勘探板块的利润，而如果直接出售于内部，究竟以何定价外界很难知晓，这就为其从炼油板块向勘探生产板块转移利润创造了机会。

中石油、中石化将原油销售给炼油企业，如果是石油石化系统内的炼油企业，一方面可通过纵向一体化的经营模式，将上下游获得的利润对炼油环节进行交叉补贴；另一方面又可以获得政府的财政补贴。而民营炼油企业由于获得原油的渠道受限，市场占有率较低，和中石油、中石化讨价还价的能力很弱，因此只能被动接受原油价格，生产出成品油后要全部交由石油集团、石化集团的批发企业经营，上下游的利润空间都受到挤压。①

原油成品油流通体制改革大事记

1992 年，石油行业对民营资本开放批发和零售环节。20 世纪 90 年代末，中国约有 3340 家民营石油批发企业和 8 万座民营加油站，一度占到全国成品油零售市场份额的 85%，加油站总数的 90%，加油量的 60%。

1994 年国务院下发第 21 号文件《国务院批转国家计委、国家经贸委关于改革原油、成品油流通体制意见的通知》，规定原油的收购由中石化专营，成品油由国家计委进行导向配置，取消企业的自销权。

1998 年，国务院对石油产业进行重组，变分业经营为混业经营，并以黄河为界将北方 12 省和南方 19 省的油气资源勘探开采以及炼油、批发、零售等中下游业务和进出口经营权

---

① 《谁垄断了中国油气资源?》，http：//www.ce-china.cn/article/440.html。

授予中石油和中石化。

国务院分别在 1999 年和 2001 年出台《关于清理整顿小炼油厂和规范原油成品油流通秩序的意见》和《关于进一步清理整顿和规范成品油市场秩序的意见》，进一步赋予中石化和中石油在成品油批发和零售环节的特许经营权：全国各炼油厂生产的成品油全部交由两大集团的批发企业经营，各炼油厂一律不得自销成品油；新建加油站统一由两大集团全资或控股建设。

2003 年原铁道部《铁运函 150 号令》规定，没有中石油和中石化两大集团统一盖章，各铁路局不准受理成品油运输业务（即排产权）。

2006 年 12 月，商务部发布原油、成品油两个管理办法，准入门槛提高，进口权没有放松，排产要求也依然如故。

2007 年，国务院取消和下放审批权，但原油进口权和配额限制并不在其中。2008 年，国家发改委和商务部联合发布《关于民营成品油企业经营的有关问题的通知》，允许中石油、中石化加快推进对民营批发企业的"重组"。

第四节　炼　化

由于炼化产业对生产技术水平、原料质量的要求不高，生产过程相对简单，落后产能容易迅速扩张；同时，作为必需能源和基础化工产品，即使是粗劣成品的需求也非常旺盛。因此在高油价时期，我国的炼化产业快速发展，产能过剩加剧。为此，国家对于炼化产业的规划一直围绕"关停小型装置，建设大型基地，发展规模经济"展开，主要采用审批许可、限制原油使用、清理整顿等行政手段控制产能，但多年来效果不佳，落后产能非但没有减少，反而在逐年扩大。国家的主要做法是：

第一，通过行政审批制度限制新建、改扩建炼油厂。《国务院关于发布政府核准的投资项目目录（2014 年本）的通知》（国发〔2014〕53 号）中规定，新建炼油及扩建一次炼油项目由国务院投资主管部门核准，其中列入国务院批准的国家能源发展规划、石化产业规划布局方案的扩建项目由省级政府核准。对于新建炼油及扩建一次炼油项目的核准是指国家发展改革委员会的行政审批，审批事项共计 33 项，由环保局为实施主体的仅有 2 项（表3–1、表 3–2）。对比美国环保署对新建炼油厂复杂严苛的审批过程，我国对环境影响评价文件审批力度远不能达到促进技术进步、淘汰落后产能、保护环境的目的。而其他审批事项却更多地限制了民营资本进入市场，造成市场主体较为单一，阻碍了产业结构升级。

表 3–1　新增用油企业使用进口原油的条件和数量

淘汰原油加工能力（常减压装置）	用油数量限额
200 万吨 / 年（含）以下	1 倍
200 万吨 / 年以上	1.2 倍

表 3–2　发改委：新建炼油及扩建一次炼油项目核准目录

一、审批核准阶段	
实施主体	审批事项
国土资源主管部门	建设项目用地预审（不涉及新增用地，在已批准的建设用地范围内进行改扩建的项目，可以不进行用地预审）
环境保护行政主管部门	建设项目（不含核与辐射设施建设项目）环境影响评价文件审批
城乡规划主管部门	选址意见书（仅指以划拨方式提供国有土地使用权的项目，需要办理此事项）
海洋行政主管部门	海洋工程建设项目环境影响报告书核准（仅涉海项目，需要办理此事项）
海洋行政主管部门	报国务院批准的无居民海岛开发利用审批事项（仅涉海项目，需要办理此事项）
海洋行政主管部门	用海预审（仅涉海项目，需要办理此事项）
交通运输主管部门	航道条件与通航安全影响评价
流域管理机构	河道管理范围内建设项目工程建设方案审批（仅指在河道管理范围内的建设项目，需要办理此事项）
水行政主管部门	建设项目水资源论证报告书审批
水行政主管部门	生产建设项目水土保持方案审批
流域管理机构	洪水影响评价（仅指在洪泛区、蓄滞洪区内建设的非防洪建设项目，需要办理此事项）
水行政主管部门	建设项目取水许可审批（仅指利用取水工程或设施直接从江河、湖泊或者地下取用水资源，并需申请取水许可证的项目）
地震工作主管部门	地震安全性评价报告结果审定及抗震设防要求确定（仅指重大建设工程和可能发生严重次生灾害的建设工程，需要办理此事项）
相关人民政府、文物行政主管部门	涉及文物保护单位保护范围的其他建设工程或者爆破、钻探、挖掘等作业审批（仅涉及文物，需要办理此事项）
相关人民政府、文物行政主管部门	涉及文物保护单位建设控制地带的建设工程审批（仅涉及文物，需要办理此事项）

相关人民政府、文物行政主管部门	建设工程建设范围内考古调查、勘探和发掘审批（仅涉及文物，需要办理此事项）
相关人民政府、文物行政主管部门	因建设工程对不可移动文物进行原址保护、迁移或者拆除的文物保护方案审批（仅涉及文物，需要办理此事项）
国家发展和改革委员会	固定资产投资项目节能评估和审查
国家发展和改革委员会	企业、事业单位、社会团体等投资建设的固定资产投资项目核准

二、核准后开工前阶段	
实施主体	**审批事项**
国土资源主管部门	农用地转用和土地征收审查
国土资源主管部门	建设项目压覆重要矿床审批
海洋行政主管部门	海底电缆管道铺设施工（仅涉海项目，需要办理此事项）
海洋行政主管部门	海域使用权审核（仅涉海项目，需要办理此事项）
海洋行政主管部门	海底电缆管道路由调查（仅涉海项目，需要办理此事项）
安全监管部门	建设项目安全条件审查
安全监管部门	严重职业病危害建设项目职业病防护设施设计审查

三、开工后竣工前阶段	
实施主体	**审批事项**
环境保护行政主管部门	建设项目（不含核与辐射设施建设项目）竣工环境保护验收审批
海洋行政主管部门	海洋工程建设项目环保设施竣工验收（仅涉海项目，需要办理此事项）
海洋行政主管部门	海洋工程建设项目环境保护设施"三同时"检查批准（仅涉海项目，需要办理此事项）
海洋行政主管部门	填海竣工验收（仅涉海项目，需要办理此事项）
水行政主管部门	生产建设项目水土保持设施验收审批
安全监管部门	较重、严重职业病危害的建设项目职业病防护设施竣工验收
安全监管部门	一般职业病危害的建设项目职业病防护设施竣工验收

美国环保署通过严格的环保审批制度，使新建炼油厂的成本大幅提高。自1976年以来，美国没有再兴建一座新的炼油厂（只是提高现有设施的生产规模）。至今，美国炼油厂数量已从20世纪80年代初的300余家减至136家，但总体炼油能力却是上升的，因为小型、低效的炼油厂被淘汰的同时，大型炼油厂在不断提高技术水平、扩充产能。

第二，通过审批进口原油使用权和使用数量限制产能，淘汰落后炼油装置。国家发展改革委印发的《关于进口原油使用管理有关问题的通知》（发改委〔2015〕253号）（以下简称《通知》）中规定，"新增用油企业用油数量依据淘汰自有或兼并重组的落后装置能力、建设储气设施规模的一定比例确定"。这一规定的初衷是引导用油企业淘汰落后产能，但从实际效果来看，难以达到淘汰落后炼油装置的目的。首先，地方炼油厂以淘汰产能为条件使用进口原油的成本过高。此次发改委审验通过的是原油进口使用权，并非原油进口权，地方炼厂在进口环节仍须通过中石油、中石化、中海油、中化集团、珠海振戎等五家企业代理进口，原油成本增加。其次，《通知》对用油数量限额控制也过紧，对炼油厂而言成本收益比低，吸引力不足。目前发改委批准的东明石化（山东第一大地方炼厂）淘汰产能约600余万吨／年，可使用进口原油限额仅有750万吨／年，难以满足其接近1200万吨／年的原油加工能力。再次，地方炼油厂油源常年受限，开工率普遍偏低，盈利状况惨淡，难以承担技术改进、装置升级的成本。另外，产能占绝大部分的主要油气企业却原油供应充足，此《通知》对它们难以产生影响。

第三，通过行政手段清理整顿小炼油厂。1999 年发布的《关于清理整顿小炼油厂和规范原油成品油流通秩序的意见》对未经国务院批准的小炼油厂进行了清理和整顿。但随着油价高企，全国炼油企业不断增加，污染环境、破坏生态的小炼油企业屡禁不止，可见通过行政手段"一刀切"地限制小炼油，既不符合市场经济运行机制，也难以达到预期的效果。

对炼化项目的审批权高度集中于国家有关部门，大型炼化项目往往多年得不到批准。炼化是资本密集型产业，拿不到国家的批件，银行不给贷款，地方不给批地，而市场对成品油需求旺盛，于是小炼化企业在各地遍地开花。对炼化项目的"严格"审批不但不能抑制过剩产能，相反形成逆向调节，加剧了低水平的产能过剩。

第五节　企　业

虽然经过不断的摸索，我国油气企业的市场化程度有了明显提高，产品货币交换、组织形式、招投标等，都已经基本按照市场经济模式运转，但我国油气行业依然遗留和延续了不少计划经济的运行机制。最为主要是在"影子计划"的影响下，企业经营自主权出现减少的趋势。"影子计划"是指，如今政府虽然不再直接下达指令性计划，也不称为指导性计划，但规划指标、企业目标、考核指标仍相当于计划目标。企业虽然按照市场原则与其他企业交易，但交易的目的不是股东权益的最大化，而是为满足上级确定的考核目标、规划指标。企业的运行机制也未得到根本改变，内部计划色彩浑厚，大而全、小而全，大锅饭体制与大一统体制并存，缺少成熟市场经济国家政府对网络型行业的有效监管。

国家对国有油气企业管理主要停留在"管人管事管资产"上，并通过价格杠杆来保证其赢利。国有资产管理部门对国有油气企业设置多种考核目标，油气企业在考核的指挥棒下，主要关心油气资源占有量、油气产量、加工能力、经营额、利税等，不太注重企业的股东回报。一方面，为保证上述考核指标的增长，政府和企业不断提高行业集中度和政府审批，来巩固其巨型国际公司地位、稳定财税收入、稳定油气市场、增强国企主导力和控制力；另一方面，国有油气企业长期以来没有健全公司法人治理结构，没有建立职业经理人制度，没有发挥企业家的作用，虽有现代公司之形，但无现代企业之实；财产权和分配权分离，所有者和经营者利益不一致，难以保证企业资产的保值增值；石油企业虽广泛参与国际油气合作，在国际化经营程度、盈利能力、投资回报率、技术水平等方面与国际大公司存在较大差距，企业利润主要来自国内油气勘探开发；企业内部关联交易、交叉补贴严重，经营和管理成本高昂，效益下滑明显；其支配地位对整个产业发展的阻碍更是长远的、深层的、根本的。但由于国有体制敏感、国企规模大、社会问题多、政府依赖性强等多种因素，增加了油气改革的难度。

第六节　价　格

长期看来，国际油气价格的形成，主要由油气供求关系主导；而影响其波动的短期因素，则主要包括气候条件、地缘政治、意外事件、投机炒作等。

目前，以五大现货市场和三大期货市场为主的国际石油市场的格局决定了其定价机制，国际市场石油交易大多以各主要地区的基准油价为定价参考，以基准油在交货或提单日前后某一段时间内现货或期货市场价格，加上贴水作为原油贸易的最终结算价格。而成品油价格主要受三大成品油市场影响，以该地区的各成品油市场价格为基准作价。

国外天然气价格包括井口价、城市门站价和终端用户价，主要受国际油价、资源丰度、经济发达程度及社会需求量等因素影响。国外的天然气市场分为非竞争性市场和竞争性市场两种类型，前者多采用成本加利润和市场净回值相结合的定价方式，后者根据竞争方式的不同，分别采用捆绑式售价和市场自由定价。目前，美国、加拿大、澳大利亚、新西兰、阿根廷、英国等国实行竞争性定价，其他大部分国家实行垄断性定价机制，越来越多的国家在采取措施，放开市场，引入竞争。

在我国由计划经济向社会主义市场经济转轨的过程中，石油和天然气的定价机制也伴随着油气行业的改革经历了一系列变化。（图 3-1）从我国石油定价机制的历史沿革看来，其改革方向是逐步实现市场化定价，充分发挥价格在市场中的调节作用，促进石油产业的健康发展和提高石油的利用效率。在现行定价机制下，原油价格由国内企业参照国际原油价格自主制定，而成品油价格区别情况实行政府指导价或政府定价。然而，尽管我国已经明确了原油和成品油与国际接轨的定价原则，但实际上，我国的原油价格只是在被动地跟踪国际油价，而成品油价格仍受少数国有企业和政府掌握，没有发挥市场调节作用。

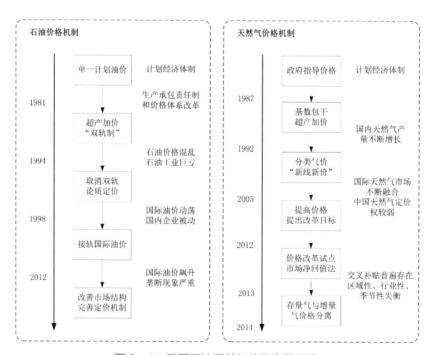

图 3-1　我国石油天然气价格改革历程

在天然气流通领域，目前主要问题在于天然气行业的价格不能反映市场供需基本面因素，同时上下游价格传导并不顺畅，也存在不同用户间的交叉补贴现象。除了大用户直供气价格已放开，现行以净回值法来模拟市场而制定的价格扭曲了价格在市场资源配置中的信号调节作用。这些非市场因素在很大程度上制约着天然气行业的健康均衡发展，不利于促进天然气的有效供应和资源节约利用，同时也是对社会福利的严重损耗。

因此，我国现行的石油天然气定价机制存在如下几个问题：

一是国内原油价格被动跟踪国际油价。不能准确反映国内市场中真实的供求关系和成本变化，无法发挥供求关系信号的作用。国际市场石油价格的形成机制较为复杂，受供需、市场结构、地缘政治、石油金融、环境等多种因素影响，而我国现有的石油定价机制虽然实现了与国际油价水平挂钩，但国内石油市场并没有完全市场化，油价仍被三大油气企业控制，因此油价的变化不能反映国内的供需关系和资源、技术的现状，而这种价格扭曲导致市场无法在价高时促进资源的有效开发，在价低时保持国内石油产业的健康发展，反而造成大部分的国际油价涨落风险直接转嫁给国内石油消费者。

二是成品油定价机制存在滞后性，缺乏灵活性。国家发改委在 2013 年采取了缩短调价周期、取消调价幅度限制、调整挂靠油种等措施，加快了调价频率，使国内外价格联动更加密切。但在实际操作中，这种政府定价的方式，导致国内成品油价格滞后于国际市场，使得各类投机者在国际油价上涨时囤积库存，赚取差价，扰乱国内市场的正常供需关系。同时，挂靠国际油价不能反映出国内市场自身的供需变化和能源消费结构，难以充分及时发挥市场价格的自行调节功能。

三是现有定价机制不利于中国参与国际石油定价。国际原油价格包括现货市场价格和期货市场价格，其价格的形成从长期看来主要是由供需两方面因素决定的。我国作为世界石油消费大国之一，仅仅被动地"与国际油价接轨"，没有有效地发挥我们对国际市场油价定价的影响力，尤其是自 2014 年 6 月以来，国际石油市场的供需关系发生重大转变，而我国石油期货市场尚不健全，导致中国石油企业难以利用套期保值来规避石油风险，更不能制定大宗石油交易规则来参与到国际油价的定价中去，更加凸显了"被动跟踪"模式的弊端。

我国天然气的传统定价体系，主要包括井口价格、净化价格、管输价格和配气价格等，经过改革，现在简化为门站价格、管输价格和配气价格。我国目前直供气价格放开，但超过半数天然气采用"市场净回值"方法定价，本质上仍然是政府定价，没有发挥市场的价格发现功能，而高度集中的市场结构也不利于天然气企业充分竞争，降低生产成本。此外，现行的定价机制没有很好地体现天然气与替代能源的比价关系，阻碍了天然气优质资源特性的发挥。最后，在现行体制下，我国天然气的价格没有实现和国际定价的有效接轨，存在国内天然气价格和国际市场价格倒挂的现象，进而形成了国企内部的交叉补贴，影响了真实成本收益的判断。

第七节　财　税

国家制定矿产资源税费制度的目的，一是维护国家所有者应得的权益；二是利用税费等经济杠杆鼓励勘探和开发活动；三是利用资源收益调节中央、地方、企业、人民的经济利益，实现全民共享；四是进行社会发展、生态环境的保护，体现资源、经济、环境、社会效益的统一，促进产业可持续发展。

在现有税费政策下，除一般企业均须缴纳的企业所得税、增值税、消费税和营业税等之外，油气企业涉及的资源税费主要包括矿业权（探矿权、采矿权）使用费、矿业权价款（实际未征收）、资源税、矿产资源补偿费（矿区使用费）和石油特别收益金，其本质是基于资源国家所有而派生的经济收益，但在收取形式上带有浓厚的计划经济管理生产建设过程的烙印，经济内涵比较模糊。

第一，探矿权与采矿权使用费。《矿产资源法》规定："国家实行探矿权、采矿权有偿取得的制度；但是，国家对探矿权、采矿权有偿取得的费用，可以根据不同情况规定予以减缴、免缴。具体办法和实施步骤由国务院规定。"《矿产资源勘查区块登记管理办法》规定："国家实行探矿权有偿取得的制度。探矿权使用费以勘查年度计算，逐年缴纳。"探矿权使用费由探矿权人在领取勘查许可证时，向探矿权登记管理机关按勘查区面积逐年缴纳。《矿产资源开采登记管理办法》规定："国家实行采矿权有偿取得的制度。采矿权使用费按照矿区范围的面积逐年缴纳，标准为每平方公里每年1000元。"按照有关法律解释，探矿权、采矿权使用费是矿业权人为维持国家所有的矿产资源勘查开采权而支付的代价。

第二，探矿权、采矿权价款。价款在《矿产资源法》中没有规定，而是在探矿权、采矿权有偿出让时，对国家出资形成的矿业资产收回的投资收益。《矿产资源勘查区块登记管理办法》、《矿产资源开采登记管理办法》都明文规定，申请国家出资勘查并已经探明矿产地的探矿权、采矿权的，探矿权、采矿权申请人除依照规定缴纳探矿权、采矿权使用费外，还应当缴纳经评估确认的国家出资勘查形成的探矿权、采矿权价款。油气领域至今没有收取价款。

第三，资源税。《矿产资源法》规定："开采矿产资源，必须按照国家有关规定缴纳资源税和资源补偿费。"《资源税暂行条例》规定：在我国境内开采规定的矿产品或者生产盐的单位或个人，都要缴纳资源税。资源税按应税产品的开采量或产量从价计算，从2011年11月1日起，石油天然气的资源税率是原油、天然气销售额的6%。陆上资源税属于地方税，由地方政府收取；海上资源税属于中央。

第四，资源补偿费。矿产资源补偿费最早是为弥补国家勘查矿产资源经费不足而设计的，是从生产产品销售收入中按一定比例提取的资金，补偿费的70%用于矿产勘查，其余用于地质环境保护、资源综合利用和矿产资源管理。随着市场经济发展，矿产勘查的主要资金来源于社会，征收矿产资源补偿费的必要性出现问题，因此在1997年修订《矿产资源补偿费征收管理规定》时，其内涵规定为"为了保障和促进矿产资源的勘查、保护和合理开发，维护国家对矿产资源的财产权益"而收取的费用。因此资源补偿费是一种资源财产性收益，是国家所有权在经济上的实现形式。矿产资源补偿费由中央和地方共享，地矿主管部门会同同级财政部门负责征收，当时平均征收比例为矿产品销售额的1.18%，其中油气为1%。从2011年11月1日起油气、煤炭的补偿费费率降为零，资源税由5%上升到6%。

第五，矿区使用费。经国务院批准，财政部分别于1989年和 1990 年发布了《开采海洋石油资源缴纳矿区使用费的规定》和《中外合作开采陆上石油资源缴纳矿区使用费暂行规定》。当时征收矿区使用费的，不再征收资源税和资源补偿费。2011 年 11 月 1 日以后，除仍在执行的对外合同外，停止征收矿区使用费，改为统一征收资源税。

第六，石油特别收益金。这是油气企业在销售国产原油时，因价格超过一定水平而按比例缴纳的费用，属于因市场价格高涨而收取的超额利润，俗称"暴利税"，属中央财政非税收入，纳入中央财政预算管理。石油特别收益金是由国务院决定收取的，财政部于 2006 年 3 月 25 日发布《石油特别收益金征收管理办法》，实行 5 级超额累进从价定率计征，按月计算、按季度缴纳。征收比率按石油开采企业销售原油的月加权平均价格确定，起征点为 40 美元 / 桶。征收率分为 5 级，最低 20%，最高 40%。从 2015 年 1 月 1 日起，特别收益金起征点提高至 65 美元 / 桶。

各项税费的征收细则及财权分配制度如下（表 3-3）：

表 3-3　我国油气资源现行税费体系

油气资源税费	征收机关	征收依据	分配方式
资源税	税务机关负责征收管理	从量定额征收，2014 年 10 月改为按照矿产品销售收入的一定比例计征（从价计征）	海洋资源税归中央，其余归地方
矿产资源补偿费	地质矿产主管部门会同财政部门征收	从价计征，2014 年 10 月费率已降为零	中央与省、直辖市分成比例为 5：5；中央与广西、西藏、新疆、内蒙古、宁夏和青海的分成比例为 4：6

油气资源税费	征收机关	征收依据	分配方式
探矿权使用费	探矿权登记管理机关	探矿权使用费以勘查年度计算，按区块面积逐年缴纳，第一个至第三个勘查年度，每平方千米每年缴纳100元，从第四个勘查年度起每平方千米增加100元，最高不超过每平方千米500元	归中央所有
采矿权使用费	采矿权登记管理机关	采矿权使用费按矿区范围面积逐年缴纳，每平方千米每年1000元	归中央所有
矿区使用费	税务机关负责征收管理	开采陆上石油、天然气的矿区使用费，根据原油、天然气产量进行分档，费率在1%—12.5%	归中央所有
探矿权、采矿权价款	财政部	中央和地方政府探矿权采矿权审批登记机关通过招标、拍卖、挂牌等市场方式或以协议方式出让国家出资（包括中央财政出资、地方财政出资和中央财政、地方财政共同出资）勘查形成的探矿权采矿权时所收取的全部收入，以及国有企业在申请国家出让其无偿占有国家出资勘查形成的探矿权采矿权时按规定补缴的探矿权采矿权价款，实际未征收	国家出资形成的探矿权采矿权价款收入按固定比例进行分成，其中20%归中央所有，80%归地方所有
石油特别收益金	财政部	国家对石油开采企业销售国产原油因价格超过一定水平所获得的超额收入按比例征收	归中央所有

　　这种按照生产环节固定收取、与油气市场脱节的财税体制，是我国来自油气资源和油气行业的财政收益不高的根本原因。而国际上普遍采用的权益金制度，是基于公开竞争、价高者得的矿权获得方式，按照资源利益相关者的权利、义务关系收取，更能使国家收益与油气市场挂钩。尤其随着油气产业的市场化改革和多元主体的放开准入，现有的财税政策已经无法与油气产业形成相应的市

场关系，发挥合理的调节作用，具体的问题主要表现在以下几个方面：

第一，经济内涵与边界不清。矿业权使用费，名义上是有偿取得矿业权的代价，但它只与区块或矿区的土地面积有关，与资源禀赋没有关系，并不属于民事上权利让渡的等价交换。而探矿权、采矿权价款每年累进制的设计，主要是激励勘查，防止跑马圈地、占而不探；价款与资源禀赋相关，资源富则价高，但法规规定是国家出资形成的矿产地才收取价款，与实际矿业权有偿出让不符，特别是大量公益性地质工作发现的矿产异常、矿产点并不属于已探明，因而造成资源所有者权益流失。资源税与资源补偿费，则有内涵不清、计费相同、功能界限不清晰等弊病，有重复征收之嫌。按现行法规宗旨，矿产资源补偿费是国家矿产资源所有者的财产权益。资源税在法规中没有明确内涵，但从征税本质来说应当是一种调节级差收益的经济手段，但其征收方式是对企业一律按同等比例征收，似乎调整对象不是资源的级差收益，而是绝对收益，不符合税收原理。虽然在油气领域资源税合并了资源补偿费，消除了重复征收之嫌，但其经济内涵仍没有说清楚。

第二，没有发挥经济调节作用。探矿权使用费最高为 500 元 / 平方公里，不收取或者不补缴国家出资形成的矿产地价款，因此无偿取得和过低的使用费，使油气资源持有成本很低。目前法律法规没有明确勘查区块的缩减退出机制，探矿权可以无限期延期。目前的财税制度也没有为区块退出、转让和公开竞争提供依据，也形成对内对外合作的壁垒。多种因素造成国有企业将大量低成本占有的资源闲置，不利于市场的充分竞争和资源的有效利用，国家资源收益明显受损。

第三，各方经济利益不平衡。随着低油价的常态化，国家所有者权益体现不足的情况将会更加明显。经过税费政策的修改调整，资源税主体在地方，中央与地方共享的资源补偿费已降为零，特别收益金也基本有名无实，没有价款收入，中央的资源权益只有矿业权使用费和海上资源税，体现国家所有者权益的利益大幅减少，降低了中央在资源开发上的调控能力以及财税收入的稳定性和权威性。

现有油气产业的利润仍主要掌握在国有企业内部，国家还不时对油气企业进行补贴、投入，油气收益在实现全民共享方面明显不足。中央企业与地方企业、民营企业所受的政治经济待遇不同，中央与地方利益的追求也影响着企业的生存发展。

由于《矿产资源法》规定，"矿产资源属于国家所有，地表或者地下的矿产资源的国家所有权，不因其所依附的土地的所有权或者使用权的不同而改变"。这就导致土地所有与资源所有的分离，特别是集体土地所有者不能享受资源所有者权益，因此资源地农民不能直接享有资源财富，或享有财富严重不足，对立情绪严重，经常出现农民在资源开发上不合作，或者漫天要价，甚至堵路拦车，引发群体性事件。

第八节　政　府

我国油气行业监管体系是从计划经济体制演变而来。（参见第七章第四节）由于行业集中度高，充分竞争的市场机制远未形成，相应地，油气行业的监管体制相当程度上保护了少数获得特许经营权的企业的利益，抑制了油气市场的发育。

第一，政企不分。油气监管工作对专业技术的要求较高，特别是石油工业项目，环保、质量、安全等监管都有其特殊性。由于历史沿袭等原因，油气管道各方面的监管、勘探开发和炼油环节的质量、环保和安全等，大多由油气企业按照相应的标准自己执行自己监督。政企不分导致监管不足。例如，就油气管道而言，没有任何监管机构了解管道建设、施工、运营、维护等全部信息，也没有明确哪类机构哪级机构实行全面监管并承担监管责任，形成了"管不了、不能管、不敢管"的局面，造成环境、健康和安全极大隐患。既不利于规范化管理，又不利于管道资源的优化利用，更不利于管道"全生命周期"的保护使用。

第二，监管薄弱。由于企业行使一定的行政权，弱化了部委自身的监管力量。从部委内设的人员配备看，各有关部委均未设立单独的石油（石化）处，而是将石油和化工、煤炭等行业合为一处，处内只有几名专业人员。专业管理人员既不够集中，也不够系统，人少事多，往往一人多岗。国家在能源领域普遍存在监管不力和依托大型国有企业监管的问题。目前，大部分的政策研究和监督实施工作，还是主要依靠或委托几个大石油公司来承担。一些国有大型企业仍负责本公司的监督管理，实际上造成监督职能空置，职权不清。

第三，重审批轻监管。现有体制下，新增投资建设项目和许可证等都须经过相关各部门严格审批，审批标准高，流程复杂，时间冗长，牵涉到的部门众多，这也是政府效率低，腐败滋生的根源。虽然审批手续艰难，准入门槛很高，但一旦获批，项目业主并不严格按照审批的标准操作，究其原因，一是没有明确的监管机构进行追踪监管，例如，天然气管道保护监管的主体缺失。二是即便有明确的监管机构，但法律法规没有对监管机构失职或严重失职的惩罚条款，仅对违规主体处罚，而没有处罚监管机构，监管机构明显缺乏压力和责任感，这是油气监管以及整体能源监管的通病。三是审批和政策制定及后续的监管为同一行政部门承担和负责，难以划清界限，并进行自我约束。四是监管机构缺乏必要的财务预算、技术手段和人才支持。

第四，职能分散、界限不清。政府能源监管职能过于分散，仍存在监管职责和界面不清、职能重复交叉、错位缺位以及权责不相匹配等现象。目前，中央政府从事油气行业政策制定和行业监管的职能分散在国家发改委、国家能源局、国土资源部、环保部、国家安监总局、财政部、国家税务总局等多个部委局，致使监管职能分散、重叠、交叉，有些领域的监管缺位。另外，在专业管理部门与综合管理部门之间、中央部委和地方政府管理部门之间也存在着交叉重叠、职责不清等问题。（表3-4）

这些监管部门又都是经济综合部门，并没有专门的油气监管部门，形成油气责任主体多元化的局面。监管机构的不独立，监管政策制定和实施不统一，不仅降低了国家对油气行业的监管效率，也影响了国家对能源的监管和可持续发展。

比如，油气资源是中央一级管理，国土资源部油气监管虽有聘任的兼职油气督察员，但没有专职监督管理机构和人员，没有能力对全国油气勘探开采进行实质性监督管理。对于法律规定的义务，如开工进度、勘探投入、合法勘查、年度报告、油气开发、税费缴纳、土地复垦、环境修复等，只能少量抽查和依赖石油企业的报表，多属于"纸上谈兵"，无法进行常态化监管和实质性监督。

表3–4　目前我国油气行业主要管理部门及监管内容（参见第七章第五节）

监管内容	主要管理部门
油气勘探与开采	国土资源部
投资项目审批	国家发改委、国家能源局、环保部、国土资源部
发展规划	国家发改委、国家能源局
油气管道	国家发改委、国家能源局、安监总局
油气价格	国家发改委
油气进出口贸易	商务部、海关总署、工信部
石油市场分销与零售	商务部、国家发改委
石油储备	国家发改委、国家能源局
安全生产	安监总局
环境保护	环保部
质量技术标准规范	国家能源局、国家质检总局
财政支持与税费缴纳	财政部、税务总局
国有资本收益	财政部、国务院国资委

再比如，2013年青岛中石油管道爆炸事件，反映出油气管理

部门多头，信息无法共享，教训十分深刻。安全监管部门对管道分布图的公开程度不高，公众对自己生活区地下的油气管道不知情；管道安全监察以油气公司自查为主，事实上政府监管缺位，政府并不掌握管道安全情况，也不了解油气公司的处理预案；对于监督和管理中不可缺少的技术标准、规范、规程等，也没有精力研究和制定。中央政府监管不到位、不足力、不及时而引起的各种问题，都在呼唤加快油气监管体制的改革。改变企业代行政府监管，改革内部监督机制势在必行。

第四，法律法规滞后。目前我国有关油气监管的法律法规的现状是，资源法规相对全面，市场法规相对缺乏；有关石油立法的基本原则和制度分散在《矿产资源法》和其他有关条例规章和政策性文件中，没有形成完整的法律体系；没有专门的石油法、天然气法以及石油天然气管道法，致使许多亟待解决的问题得不到及时、有效的法律调整；有些关于维护国家意志和利益的问题，不得不靠政策性文件弥补，而不是根据法律授权来履行监管职能；几乎所有的法律法规都源于原有计划管理体制，需要在公平原则下，按照市场化机制重新修订。例如，《矿产资源法》及条例中，对国有企业的专营和保护，对转让条件的设置等，都不适应市场化改革的新形势。

第五，业务环节监管问题。

油气勘探开发环节：涉及监管的政府部门包括国家发改委、能源局、国土资源部以及质量、安全、环保、税收等专业管理部门，缺少相应的法律法规；油气勘探开发监管有关规定散见于矿产资源监管的法律和规章制度之中，从而，既没有综合部门承担监管统筹的责任，又难以追究监管失职的责任。

油气管道环节：现存的油气长输管道实施集中管理体制，在投资建设上，是由国家有关管理部门依据不同的权限审批、核准；运营管理上，基本上是由三大油气企业特许经营。拥有管道的少数企业凭借其支配地位实施歧视性服务，阻碍市场公平竞争。另外，一些企业为自己的油气运输方便，不顾油气管理特有的规模、范围等经济性原则和自然环境的要求，在同一区域内重复建设，造成资源的极大浪费。政府对网络运输监管的缺失导致油气行业效率低、成本不透明和市场失衡。

石油炼制环节：地方政府为追求地方利益，没有有效执行行业准入监管政策，行业运行监管措施没有及时到位，对油品质量的监管不够严格，环保监管不力，存在劣质油品扰乱市场和损害消费者利益的情况。

石油储备环节：我国石油储备为三级管理体系，财政部和国家能源局为管理层，国家石油储备中心是管理体系中的执行层，各石油储备基地担任石油储备责任。由于石油储备管理体制、机制以及法律法规等不够健全完善，尚没有形成石油储备监管制度。

石油进口及批零销售环节：由于我国油气行业由少数企业上中下游一体化经营，排斥竞争，油品进口主要由中国石油、中国石化、中国海油三大油气企业专营，这种现象多年来难有改进，有少数外资石油公司进入油品销售领域，但一直未能形成公平竞争的市场格局，因此，没有维护市场公平竞争的监管机构。

第四章
油气体制改革总体思路

油气体制改革是能源体制改革的重要组成部分，对建立和完善社会主义市场经济体制十分重要。目前，油气企业尚未全面完成从计划经济体制向社会主义市场经济体制的转型；油气产业链是不完全市场化产业链，具有双重体制下多重体制亚型的特征。[14]

第一节　改革方法论

油气是传统计划经济时期管制最严格的领域之一。迄今为止，没有全面完成向市场经济体制的转型。目前油气领域既有计划经济体制特征，也有市场经济体制特征，是典型的双重体制。油气产业链是多重体制亚体复合体构成的不完全市场产业链。

一、从"典型行为"到"亚型行为"

一般认为，在计划经济体制下，政府和企业的行为具有典型特征。如统收统支、集中过多、统得过死、指令性计划比重过大、政企不分、产权不明、条块分割、企业缺少自主权等。计划经济下的国有企业是国家计划部门的一个生产单位。大部分企业是全民所有制企业，它不是一个独立的利益主体，而是隶属于某一个行业主管部门。国家计划对企业来说相当于法律，是必须完成的任务。企业的人、财、物，产、供、销都受到国家计划指标的控制。

目前我国的油气企业行为，具有非典型性特征，已经无法用计划体制和市场体制中政府和企业的典型行为模式进行解释。比如，油气企业的股权结构往往是多种所有制构成，大都有董事会，有的还是上市公司；油气企业与其他供应商和用户之间是买卖关系，国家不能无偿调拨企业的油气；油气项目建设要经过招投标，这些都符合市场经济条件下企业的一般特征。但油气企业很多地方又不像是市场经济下的企业：油气价格是国家制定，项目在哪里建、建多大规模由政府审批。一般来说，市场经济下的企业把追求股东回报放在第一位，油气企业则将追求规模扩张放在第一位。

从这些现象看，国有油气企业兼有计划经济下的企业和市场经济下企业的特征，是典型的双重体制，且具有4个亚型。

第一，影子计划。政府虽然没有直接对油气企业下达指令性计划，也不下达指导性计划，但通过多个途径对油气企业提出要求、进行考核。这些要求和考核相当于计划目标，我们将其称为"影子计划"。油气企业的产供销已经是交易行为，不同于传统计划经济时期的产品调拨。但交易的目的不是股东权益的最大化，而是为满足上级确定的考核指标。

第二，外生计划。传统的计划手段，不论是指令性计划还是指导性计划，都是对价格、产量、效益等经济指标作出安排。近年来，在经济指标之外，又对油气企业增加了环境、节能、减排等方面的指标要求。这些指标同指令性计划指标一样层层分解下达，对企业的经济行为形成约束。

第三，差别管理。对油气领域中不同企业或不同产品实施不同的管理方式。这种差别有的体现在所有制上，有的体现在政府确定的方向和先进性上。体现在价格上即价格双轨制。

二、从"双重体制"到"多重体制"

计划体制与市场体制是国际上普遍认可的制度形式划分。计划经济国家在转型过程中会出现计划体制与市场体制并存的情况，被称为双重体制。在各种市场经济模式研究中，市场社会主义（Market Socialism）思潮对社会主义经济体制改革有过广泛的影响。原苏联和东欧国家长期进行过计划经济与市场经济相结合的实验，最后以失败告终。改革开放后，中国理论界从很早就认可计划与市场并存的体制，将其命名为双重体制。理论界一般认为，双重体制是传统行政指令性计划体制向新体制过渡的重要阶段。由于双重体制导致宏观调控失灵、市场信号多元、企业行为短期化等问题，理论界主流的思想是，要加快双重体制向单一体制的转变。党的十八届三中全会决定，发挥市场在资源配置中的决定性作用。这进一步明确了中国改革的方向不是双重体制，而是单一的市场体制。

但要看到，双重体制在中国已经是一种普遍的制度安排。单独将双重体制与计划体制和市场体制并列，这在以往的研究中并不多见。这主要是考虑到，双重体制并不是计划与市场的简单并列，在双重体制下各参与主体的行为具有独特的特征，这种特征与纯粹的计划体制和市场体制下参与者的行为是不同的。油气体制已经是计划体制、市场体制、双重体制的多重体制亚型的复合体，这也正是改革的复杂性所在。油气体制的多重性表现在以下几个方面：

第一，油气产业链的很多环节是三大体制及体制亚型的多重组合。油气产业链中，既包括计划经济体制，也包括市场经济体制；计划经济体制中既有传统的计划体制，也有新建立起来的计划体制。在油气产业链的某一个环节，则是多种体制亚型的复合体。如在石油生产环节，发改委和能源局对石油的产量、进出口量已不再下达指令性计划，但在年度计划中仍然提出了目标，可以看作是指导性计划。在实际生产中，又受到国资委考核的影响，存在着影子计划。在原油的实际生产中，也受到成本核算的约束，当国际石油价格下跌过快时，产油不如买油，油企也面临关井的压力，这可以看作是市场竞争对生产环节的影响。油气产业链在区块获得、勘探、生产、销售等各个环节都存在类似现象。所以，在研究油气改革时，应当对每一个环节的体制类型进行细分，这样才可以有针对性地提出改革措施。

第二，市场主体具有非典型性制度行为。传统研究中，对计划体制、市场体制下各类主体的行为都已经达成了共识。而在多重体制构架下，政府部门、企业等各参与方则有独特的行为方式。在这方面我们很难一言以蔽之，需要逐步进行分析。比如，一般来讲，企业对投资回报的预期会很敏感。但是油气企业名义上是企业，但由于缺少自我约束机制，对投资回报的变化并不敏感，把扩大规模放在经营目标的首位。这种行为不符合市场经济条件下企业行为的一般规律，因而称为非典型性制度行为。

第三，存在着向市场化或计划化方向转变的双重可能。计划体制、市场体制和双重体制在油气行业中共生并达成平衡，由于其固有的内在矛盾，各参与主体的行为脱离了传统理论可以解释的范围，具有很强的不可预测性。由于油气企业在体制内有较大的话语权，在改革中并不一定向市场化方向推进。因此，在多重体制亚型特别是计划体制比重较高的情况下，不能忽视油气改革向计划体制回归的可能性。

三、从"点式改革"到"链式改革"

计划经济的一个突出特点是条块分割，这一体制对当前研究制定政策和提出改革方案仍存在很大的影响。在研究制定政策、提出改革方案时，往往是部门提部门的政策，地方提地方的政策，同一个产业多头管理，中央和地方反复博弈，部门之间、地方之间互相扯皮。对不完全市场产业链的分析表明，产业链中各利益主体基于自身利益最大化提出的改革方案，并不代表全产业链利益的最大化，因此必须由无利益相关性的机构，在全产业链利益最大化的原则下制定改革方案。一个产业链包括多个环节，每一个环节的体制属于计划体制、市场体制和双重体制中的某种或几种亚型。产业链依其市场化程度，可以分为市场化产业链和不完全市场化产业链。目前油气产业链是不完全市场化产业链，其运行有以下特点：

第一，油气企业以自身利益最大化提出的改革方案，很难取得公共福利最大化的效果，并有向非市场化方向演变的可能。

第二，油气产业链中如果有一个环节是计划体制或双重体制，而上下游环节是与之不同的体制类型，那么必须对这个环节的行业进行市场化改革才能使全产业链利益最大化。反之，如果不对这一环节进行市场化改革，产业链上下游只有选择计划体制或双重体制才能避免全产业链的衰退。

第三，有强势利益方存在的产业链环节，向非市场化方向演变的动力大于向市场化方向演变的动力，甚至会出现"监管俘获"的现象。

基于全产业链市场化改革的方法论，油气体制改革是一场"链式改革"，而不是"点式改革"。从 1993 年开始，中国从增量改革、局部改革进入到改革全面推进阶段。但研究提出改革方案仍是按条条（行业、行政隶属关系）或块块（区域）提出改革思路，因此仍然是一种"点式改革"，没有从根本上打破条块分割的改革方式。近一年多以来，与油气有关的多个主管部门和油气企业都分别提出了改革方案，再次出现"点式改革"的征兆。如前所述，在产业链中如果有一个环节没有实现市场化，这个环节的上下游都有向提高集中度和计划化演进的可能性。油气改革需要形成一个跨部门、跨行业、跨地区、跨所有制的综合改革方案，而不是一个条块分割的改革方案。

四、从"重点调查"到"尽职调查"

与"点式改革"相对应，长期以来有关部门和地方在研究改革方案时，对实际情况的了解主要采用"重点调查"的方法。即在调查对象中，选择一部分重点单位、单元作为样本进行调查。这些单位通常在调查总体中具有比较重要的地位，能够反映出主要情况或基本特征。重点调查法具有投入少、速度快等特点，因而成为过去改革进程中较为普遍的研究方法。

从调查研究的方法论来讲，重点调查是一种非全面调查，调查结论与调查者的主观判断、从业经验高度相关。在调查对象与调查者存在利害关系时，调查者往往很难掌握真实情况。因此，重点调查的客观公正性也往往会受到质疑。

油气领域的特点是，在这个行业中只有少数上下游一体化的企业，有条件进行全面调查，我们借用资本市场上对企业全面调查的概念，称这种全面调查为"尽职调查"。"尽职调查"包括以下几方面的内容：一是对涉及油气行业政策法规的全面梳理，逐一提出废、改、立的意见；二是对三大油气企业的尽职调查，全面掌握企业的法律地位、法律关系、财务状况、税务情况等，为企业改革提供依据；三是对各相关利益方面的全面摸排，包括中央与地方政府、企业、职工等，了解改革可能对他们产生的影响。在本报告的研究中，重点对涉及油气企业的政策法规作了尽职调查。

第二节　改革目标与思路

改革的总体目标是：推进油气产业从不完全市场产业链向市场化产业链的根本性转变，建立公平竞争、开放有序、市场对油气资源配置起决定性作用的现代油气市场体系，不断提高油气保障能力，加快能源代际更替的步伐。

油气改革后要达到的目标包括 3 个层次，一是建立市场对资源配置起决定性作用的油气体制，油气将回归一般商品属性，由供求关系决定价格，国家不再干预油气生产经营和价格。二是提高油气保障能力，使中国油气安全水平得到进一步提高。三是加快能源代际更替的步伐，通过市场的力量早日使中国从煤炭时代进入油气时代。

为了实现油气体制改革的目标，改革的总体思路是：围绕"一条主线、三个维度、多个环节"进行"链式改革"。即油气改革以产业链为主线，从企业、市场、政府3个维度出发，对油气产业链的各主要环节，包括区块出让、勘探开发、管网运输、流通、炼化等进行全方位市场化改革。油气企业要政企分开、主辅分离、网运分开；油气上中下游市场全面放开准入；政府要简政放权、政监分离、强化监管。同时，统筹推进行业改革与企业改革，加快油气法规废改立进程。

第三节　改革基本原则

为了实现油气体制改革目标，改革中应当坚持的基本原则可以概括为：解放思想，更新能源安全观；市场取向，将油气双重体制改革为单一市场体制；激励相容，实现改革所有参与方的共赢。

一、解放思想：树立新的能源安全观

随着中国经济的快速发展，优质能源的供求矛盾、资源环境压力明显加剧，日益暴露出传统能源安全观的局限性。主要表

现在：

一是重煤轻油的思想制约了能源结构调整。中国作为世界第二大经济体，一次能源仍然以煤为主，迟迟无法进入油气时代。不仅能源利用效率不高，还带来了巨大的生态环境灾难。

二是视油气为命脉的观点抑制了市场竞争。将油气列为关系国家安全的重要行业，只允许个别企业进行上下游一体化经营，限制了多种所有制企业的进入。由于缺乏充分的市场竞争，油气价格长期由有关部门按成本加成的方法定价，而不是按市场供求关系定价，形成了油气单向涨价的格局。油气作为重要的生产资料，美国因其价格下降带动了制造业发展和就业扩大，而我国因油气高价格削弱了产业的国际竞争力。

三是过于重视海外油气利益多次使外交工作陷入被动。世界上主要的油气资源都被发达国家瓜分完毕，中国作为后来者，只能到一些经济落后、政局不稳的国家参与开发。在对一些重大国际问题的态度上，往往受油气利益的羁绊，不利于我国树立负责任大国的形象。而在海外开采的油气，大部分就地销售，并没有直接形成对国内的实物供给。

中国树立什么样的能源安全观，一定要与世界形势的变化相联系。进入新世纪后，北美发生了"页岩气革命"，油页岩、油砂等过去认为开发价值不大的非常规油气资源可能复制页岩气的成功模式。全球油气储量将成倍增加，世界油气开始进入相对充裕和多点供应时代。美国实现"能源独立"，有望成为油气出口国。近年来国际天然气价格已经走低，石油价格也可能进入下行周期。全球应对气候变化谈判受挫，使各国重拾化石能源的信心。应当说，现在的世界能源格局与传统能源安全观形成时的格局有了很大不同，这就需要我们根据形势变化探索新的能源安全观。

首先，对我国能源是否安全要有一个准确判断。我国一次能源的自给率超过91%，能源供给总体上是安全的。石油对外依存度接近60%，很多人担心这一比例过高。但在国际上，石油依存度多少是安全的并没有标准可循，也不宜把能源进口与安全问题在数字上简单对应。

其次，在油气与安全的关系上，在可预见的未来还看不到因大规模战争中断油气供应的威胁。中国在改革开放之初，小平同志就对世界格局作出了判断，即和平与发展是主题，世界大战打不起来。这是我们对外开放的基本立足点，与之前闭关锁国时作出的世界大战要早打、大打、打核战争的判断迥然不同。随着冷战结束，全球经济一体化，大国之间依存度加深，非传统安全已上升为主要威胁。以军事斗争为核心的传统安全威胁虽不能完全消除，但在有终极武器的国家之间爆发全面战争的可能性已微乎其微。因担心全面军事冲突造成断油断气而采取过度防卫的措施，如过度强调立足国内、限制油气使用，某种程度上会束缚发展的手脚，甚至使我们丧失发展的战略机遇期。

第三，从个体安全走向集体安全。在经济全球化条件下，油气资源已经全球配置，由一个国家单独去应对供应、价格、通道等风险，代价会很大，也不易实现。中国应当树立集体安全的观念，加强与油气生产国、过境国和其他消费国的合作和政治互信，积极参与全球能源治理，通过双边、多边合作和区域合作等方式，实现共同的能源安全。

第四，应当确立由煤炭时代走向油气时代的战略目标。油气是清洁、高效、易用的优质化石能源。2020 年，中国将实现全面小康，到那时如果能源仍然是以煤炭为主，就无法从根本上解决资源环境问题，这种小康很难说是全面小康。但是，当我们对能源安全有足够信心的时候，这个目标是可以实现的。

二、市场取向：构建单一市场体制

回顾中国改革开放的历史可以看到，中国改革在曲折中向市场化方向迈进。党的十一届三中全会（1978）提出"计划经济为主、市场调节为辅"。之后，党的十二届三中全会（1984）提出"公有制基础上的有计划的商品经济"，党的十三大（1987）提出"国家调节市场，市场引导企业"，直到党的十四大（1992）确立社会主义市场经济体制的改革方向，明确"市场在资源配置中起基础性作用"。党的十八届三中全会进一步明确，"市场在资源配置中起决定性作用"（2013）。

从中央决定的轨迹可以看出，中国改革的方向是建立单一的市场经济体制，而不是计划与市场并存的双重体制。在本报告第一章第三节，我们回顾了油气体制改革的历程，在 1998 年以前，油气体制改革与我国总的改革方向是一致的，其后的改革提高了市场集中度，弱化了竞争，在很大程度上背离了市场化方向。在本章一开始第一节阐述了油气体制是双重体制。未来油气体制改革要坚持市场化的原则，建立单一的市场体制，而不是计划与市场并存的体制。

三、激励相容：形成各参与方共赢格局

在市场化改革中，每一个利益主体首先关心自身在改革中的收益，当预知改革后的收益大于改革前的收益时，可以促进相关利益主体积极推进改革。如果在研究制定改革方案时，某一利益主体认为改革后收益增加还是减少存在不确定性，或者改革后会明显出现收益减少的情况，那么这一利益主体将成为改革的阻力。

一种比较普遍的观点认为，改革是一场革命，因此必须牺牲一部分人的利益，才能使改革得以推进。但是也要看到，改革的目的并不是为改革而改革，改革应当使社会福利比改革前更大，而不是使社会福利下降，这就需要改革者对各参与方的收益进行必要的研究和测算。在一个合理的制度安排下，可以实现帕累托改进。

油气体制改革涉及政府、企业、油田职工等方方面面的既得利益，在研究制定市场化改革方案时，应当坚持激励相容的原则，对各利益主体的收益预期进行充分的评估，并尽可能与相关利益方达成一致，这将有利于推进市场化改革的进程。

第五章
深化油气体制改革政策建议

按照全产业链市场化改革的思路，本报告对油气产业链各主要环节的改革提出建议。

第一节 以矿权改革为核心放开上游准入

国家非常重视石油、天然气等战略资源的管理工作，多年来试图利用多种政策打破油气行业上游缺乏竞争的局面，但效果尚不理想，重要的原因是没有改革矿业权管理体制。油气上游体制改革要以油气矿业权改革为核心，充分发挥市场在资源配置中的决定性作用，更好发挥政府作用。基本思路是：消除行政限制，放开矿业权市场；矿业权竞争有偿取得，合同约定权利；松绑勘查资质，激发市场活力；提高探矿权持有成本，依法退出区块腾出改革空间；取消对外专营，吸引国外投资。主要有以下几点建议：

第一，允许各类市场主体参与油气勘探开采。修改相关行政法规，取消油气上游勘探开发的限制准入条款，根据出让区块的具体特点，提出投标条件，允许具备条件的企业参与上游竞争，使油气资源上游市场实现经营主体多元化，让市场决定资源配置。

第二，通过公开竞争方式出让矿业权。从目前的"申请在先"方式改为"竞争性出让"方式，当前有关部门已进行了积极探索。政府今后出让探矿权应采用公开竞争方式，油气矿业权的获取方式应参照国际一般做法和国内对外合作做法，针对高风险区块特点，采取邀请招标、公开招标、勘查方案或勘查投入优选等方式无偿出让探矿权；在已探明或风险程度较低的区域，应当采取"价高者得"方式有偿出让矿业权。

第三，提高探矿权持有成本。推行探矿权有偿获得，提高探矿权使用费标准（可比照外国做法），理顺资源收益关系；提升最低勘查投入标准，鼓励加大投入，严格区块投入考核，督促合法合规勘查。通过提高探矿权获得和持有成本，加大区块退出力度，为其他投资者腾出空间。同时允许企业在满足法定条件下转让矿业权或股份，活跃矿业权市场流转，促进油气行业上游市场化。

第四，松绑地质勘查资质。将探矿权出让与勘查资质分开，勘查资格证不再作为申请探矿权的必要条件，以破解当前因获得勘查资质的企业有限而制约市场竞争的问题。目前国内地质勘查技术服务已完全市场化，已完全融入技术服务市场，即使是民营企业，也可雇佣油气企业的施工队伍。勘查能力行不行、技术服务好不好，完全应由企业和市场说了算，是典型的市场决定资源分配的领域。从行政许可角度看，勘查资质应当交由市场决定，即由勘查服务资历、信誉（声誉）、品牌等取得市场认可。即使不能一步到位，也可交由社会中介组织，由其按市场调查方式进行服务能力、水平排名，奖优惩劣。政府只须规定涉及资源保护、安全、环境保护与防范等公共利益方面的要求，而不对勘查能力资质进行规定。

第五，合同约定权利。矿业权竞争性出让改革将会完全改变现行法律规定的权利义务，将造成国家权益管理和监管时无法可依。因此在出让油气矿业权时，可以借鉴国外出让油气矿权的油气租约形式，制定出适合中国情况的油气矿业权出让行政合同和经济合同，以规范约束出让时约定的各类权利义务。行政合同重点弥补法律法规不足，规定出让的油气矿权的范围和性质、期限、勘探和开发义务、最低义务工作量、环保安全责任义务、争议解决条款等必备条款。对于涉及国家与矿业权人经济关系的，如使用费、价款、权益金等，可以签订经济合同。行政合同与经济合同是现有法律制度的补充，应当按照有关法律严格执行。

第六，改革对外合作方式。中低油气价格是今后的新常态，可能保持较长时间，在这种形势下，油气行业格局面临巨大调整。我国油气资源禀赋差，受冲击影响更大，需要吸引国内外资金维持甚至加大勘查开发力度，这就必须充分利用资源和资本市场，吸引外资，这不仅是油气市场化发展方向，也是我国油气发展的现实需要。目前的专营制度，不仅限制了民营和非油气国企，对三大石油企业下海登陆开发油气也是很大制约。建议取消三大油气企业对外合作专营权，企业在国家监管下自主决定对外合作相关事宜，调动企业积极性，引进资本与技术，推进企业的资产重组和技术创新。

第二节　构建独立多元的油气管网运输体系

传统经济理论认为，油气管网与生产销售一体化经营可以获得较高的效率。但是随着一体化经营的弊端不断出现，国际经济学界对网络型行业的认识也进一步深化，网运分开、放松管制已成为主流认识。欧美国家在这方面也有很多成功的实践。

从整体上看，由于管输领域具有规模经济性、范围经济性、固定成本的沉淀性和公益性等特征，经济学界曾普遍认为，采用政府干预（指定企业特许经营）有其合理性。管输部门通过上下游纵向一体化，可以保证专用性资产的投资效率，实现联合利润的最大化。当市场价格发生波动时，一体化企业可以通过各环节之间的内部利益转移，起到分散风险的作用。事实也证明，这种纵向一体化的经营模式确实为我国油气市场初期的发展起到了很大的作用，中国油气管道里程从 2004 年不到 3 万公里快速增长到 2014 年底 10.6 万公里。[15]

但 20 世纪 80 年代以来，国际经济学界对自然垄断的理论认识逐步深化，认为政府对自然垄断行业的价格规制和管理会出现"寻租"行为，利益集团会以各种手段影响政府决策。在此背景下，20 世纪 80 年代末开始，欧美国家要求放松和取消规制的呼声渐起，政府开始对管道等自然垄断行业规制体制进行改革。其中，美国通过将天然气管道企业和油气开采公司相互分离，及分拆管道公司的捆绑式服务达到促进竞争的目的，并最终形成了一个成熟的天然气管道市场。（参见第七章第一节）欧盟则是通过管网运输公司和燃气生产销售公司的分立，最终形成各环节相互独立、彼此竞争合作的格局，从而价格更趋合理。（参见第七章第二节）这些经验对中国油气管网领域的改革均有一定参考价值。

我们认为，无论是长输管网还是城市燃气管网，两者存在的问题相似，其解决思路也大体相同。但因城市燃气管网兼具公共设施属性，其改革存在一定的特殊性。

一、长输管网领域

中国天然气产业在发展初期，选择了上下游一体化的经营模式，这对迅速提高天然气应用规模发挥了积极作用。但由于天然气业务在准入、定价、排产、管输等方面仍延续传统计划体制，上下游一体化经营扭曲了市场价格和供求关系，成为天然气供求矛盾加剧和价格持续上涨的主要原因。

国外油气长输管网运营有多种模式：一是上下游一体化、独家经营模式；二是管道独立、管网独家经营模式；三是管道独立、多家经营、公平接入的竞争性管网模式。（参见第七章第三节）从多方比较看，中国作为大国，与美国的情况比较类似，第三种模式对我国有比较大的参考价值。

在我国管网改革实践中，建议实行网运分开、独立运行、公平准入、多元投资、政府监管的改革。在建立较为完善的管网监管体系之下，采用"管道独立、多元经营、公平接入"的管网经营模式。即，将原有属于三大油气企业的天然气管道独立出来，通过混合所有制和资产完全出售方式，成立多家管网公司，而不是成立单一的国家管网公司运营。

对这种模式的担心主要是，会出现重复建设，难以互联互通，以及如何保障供气安全，这里需要作一些解释。一是关于重复建设。竞争性运营商在建设管道时必然会考虑成本和收益，只有当收益大于成本时，运营商才会决策投资建设这条管道。短期来看，可能存在一定的过剩，但从长期和动态角度来看是有效率的。美国的天然气管网建设的经验便证明了这一点。另外，政府部门和监管机构也可以通过提前制定管网规划，引导运营商进行更有效率的管道建设。二是关于互联互通。可以通过监管，并将联络线建设费用摊入天然气管输价格来保证各家管网公司之间的互联互通得以实现。三是关于供气安全。与电力系统需要瞬时平衡不同，天然气可以大规模存储，通过规划引导和价格调节，美国建设了超过1200亿立方米的储气设施，占美国天然气消费量的18%，为多家经营下的管网可靠运行提供了坚实保障。

在我国的油气管网改革实践中，由于我国已经形成多家企业拥有长输管道的局面，大拆大并难度很大。目前，中石油、中石化、中海油都拥有自己的管线，且上下游一体化经营。要将各家管网剥离出来整合成一张网非常困难，特别是考虑到这些管网多是海外上市公司的资产，资产剥离难度巨大且代价不菲。

从发展看，中国天然气需求量巨大且快速增长，天然气管输业务可以引入竞争。从产业环节上看，天然气生产和销售是竞争性业务，配气业务特别是城市配气在区域上是非竞争性的。天然气管输业务是否属于非竞争性业务取决于市场规模。非竞争性的"一张网"模式，对于英国和法国这样规模的国家而言，人口、用气量和中国的一个发达省份相当，市场规模有限。"一张网"的独家经营模式是合理的，但在中国这并不是最优的模式。中国天然气需求量巨大且快速增长。2014年，中国天然气表观消费量达到1786亿立方米，预计2020年增长到4000亿立方米，占一次能源消费比例10%以上。[16] 西气东输将从目前的2条管线发展到6条管线，陕京线也将发展到4条，沿海将建设多个LNG接收站，完全能够引入平行线竞争乃至多网竞争。

从政府监管上看，多家经营的竞争性管网更容易监管。中国目前没有专门的天然气管网监管机构，相应的法律法规建设也滞后。进一步讲，即使法律政策明确，考虑到中国的实际情况，在法律政策实际执行过程中，各方的博弈能力也是政策法规能否执行到位的关键因素。监管机构面对多家管网企业与面对独家管网企业相比，有更强的博弈能力和信息获取能力，更容易将监管措施落到实处。电力领域中一家独大、难于监管的局面，不应当在天然气产业重演。

综合以上分析，对油气管网改革提出以下几点建议：

第一，网运分开。由于管网公司在上游业务或下游业务中存在自身利益，为了促进公平竞争，在业务上，管网公司应在管理和经营上独立于上游或下游的其他企业；在运营上，国家根据管网运营企业的经营状况，采用"成本＋合理利润"的方式，单独确定出管网运营企业固定的回报率（比如10%—12%）；在监督上，在国家层面设立国家管道监督机构，相应地在每个省也设立省级的管网监督机构，对管网运输企业进行监管。

第二，独立运行。通过立法强制要求管网公司只从事石油、天然气输送，不参与油气生产、销售，并按照"财务独立—业务独立—产权独立"的步骤，推行"厂网分离"、"网销分离"、"储运分离"，渐次推动管网独立。具体到操作环节，则应明确要求三大油气企业逐步将管网业务剥离，重组并设立3家独立的油气管道公司。

3家油气管道公司根据需要可以联合或各自设立区域性油气

管道公司，各地方以所拥有的油气管网净资产为基础参股，组建区域油气管道有限责任公司或股份有限公司，按各方现有油气管网净资产比例成立董事会，负责经营管理区域或地方性油气管道公司。新组建的区域或地方性油气管道公司要按现代企业制度设置，做到产权明晰、权责明确、政企分开、管理科学，享有法人财产权，承担资产保值增值责任，负责经营当地相应的输配油气业务。

第三，公平接入。严格落实国家能源局 2014 年《油气管网设施公平开放监管办法（试行）》中有关管网公平准入的有关要求。现有管网公司不再从事天然气交易业务，按非歧视原则向所有用户提供运输服务。放开油源、气源限制，实行油源、气源多元化。允许三大油气企业以外的经营主体从事油源、气源业务，包括从国外进口，国内煤制气、页岩气、天然气均可进入管网运输；允许各类投资主体以独立法人资格参与管网和 LNG 接收站、储气库等相关设施的投资建设和经营管理，逐步在全国形成多个管网公司并存、互联互通的格局。

第四，多元投资。由于油气管道建设属于资金密集型行业，未来由三大油气企业单独出资进行管道建设，显然会对我国管道发展形成滞后。所以可以逐步放开社会资本进入管网建设领域的限制，让更多的社会资金有动力进入管道建设和运营领域。

在具体操作上可以借鉴国外经验，例如可以允许三大油气企业在管道建设完成后，将其完全出售给社会资本（社保基金、地方性国有资本、民间资本等），而三大油气企业再反租使用。这一方面可以通过三大油气企业背书，保障上游气源和下游用户，使社会资本吃下"定心丸";另一方面也节约了三大油气企业的资金成本,有利于其开发更多的业务。

第五,有效监管。一个有效的管网监管体系对于管网的高效运营是必不可少的。我国目前的管网监督体系尚不完善,仅由国家能源局的个别处室对全国管网进行监管。而从国际经验来看,一些监管完善的国家均成立了专业的管网监管机构,对管网进行分级监管,其开支由被监管对象上缴相关费用,纳入国家财政后统一拨付给监管机构。从我国实际来看,首先要出台相关的法规,而在职能机构上,跨国和跨省的管网应由能源局监管(或新设立水电气一体化管网监督机构),省内管网由省内发改委能源处或相关专业机构监管(详细参见本节相关监管论述)。

二、城市燃气管网领域

城市燃气管网的市场化改革可以参考欧盟的经验,分离纵向一体化企业,"放开两头,管住中间"。即合理划分燃气产业链的自然垄断性业务与竞争性业务,在竞争性环节引入竞争,对自然垄断性环节加强监管。改革后燃气产业将形成"两头放开竞争、中间政府管制"的"X+1+X"的市场竞争模式。第一个"X"是指放开燃气上游气源限制,开展多元化竞争;中间的"1"是指国家对燃气主输配系统即中游管网进行监管;第二个"X"是指在下游城市燃气企业形成多家区域性的销售企业。具体而言:

第一,拆分管网,独立运营。将燃气管网(包括城市管网、储气库)与上游生产、下游销售业务分离,推行"厂网分离"、"网销分离"、"储运分离"，渐次推动管网独立。制定强制性规则，严格落实管网"第三方公开准入"机制，要求管网运输企业向所有托运人公平开放管道运输业务，代表第三方运输燃气，管输公司不得销售燃气，只收取管输服务费。设立严格的城市管网准入标准，实行审批制，防止管网企业过度进入引发过度竞争，造成资源浪费。

第二，放开两头，引入竞争。一方面，放宽燃气勘探、开发、生产领域市场准入，放开气源进口限制，实行气源多元化；储气、接收站、管网等基础设施投资、建设、运营向市场公平开放，吸引各类资本进入。另一方面，继续实行城市燃气特许经营制度，综合考虑和处理好燃气经营企业的资产转让、经营期限和价格条款等问题，并积极稳妥推进城市燃气经营许可制度改革，进一步开放城市燃气市场，建立多元化投融资体制。

第三，合理定价，加强监管。对输配气价采用"成本加成法"定价，形成合理的管输费率结构；建立相对独立的燃气管网综合监管机构，对燃气管网公平接入、价格、产品和服务质量、安全等进行监管。

第三节　建立竞争性油气流通市场

油气回归商品属性，需要进一步打破流通领域的特许经营制度，降低准入门槛，减少和取消大部分审批事项，在进出口、批发零售环节最大限度地实现充分竞争，从而降低流通费用和油气使用成本。建立和发展国内的油气期货市场，形成与世界相统一的油气期现货市场。

第一，取消原油进口资质条件。放开原油进口权，取消目前实际上仍在实行的国营贸易企业对原油进口的特许经营，允许任何企业（非国营和贸易企业）均可从事原油进口和国内贸易，同时为配合进口权的开放，应取消排产计划，国内炼化企业均可公平地进行原油交易。

第二，取消个别企业对成品油批发零售环节的特许经营权。撤销国务院 1999 年和 2001 年出台的《关于清理整顿小炼油厂和规范原油成品油流通秩序的意见》和《关于进一步清理整顿和规范成品油市场秩序的意见》，从而撤销中石化和中石油在成品油批发零售环节的特许经营权。撤销 2008 年国家发改委和商务部联合发布的《关于民营成品油企业经营的有关问题的通知》，放开对民营企业进入成品油批发零售环节的限制。

第三，放开下游零售市场。制定《加油站设立和经营管理办法》，放开加油站业务的市场准入。允许中石油和中石化对其全资或控股拥有的加油站企业进行混合所有制改造或剥离，逐步实现加油站行业多元主体经营。

第四，发展石油期货市场。发展石油期货不仅有发现价格的功能，而且有助于消除"亚洲溢价"，对冲石油金融风险，有利于中国掌握石油市场的话语权和影响力。目前在上海自贸区已经建立了石油期货市场，但交易规模偏小，交易主体无法进行原油交割。建议结合国内油气体制改革，放开石油期货交易参与主体的限制，允许国有油气企业参与交易，允许各类企业能够实现实物交割。同时，放宽对交易品种的限制，增加交易品种，扩大交易规模。

第五，加快天然气期货交易市场体系建设。天然气交易中心是天然气市场发展逐步成熟的必然结果。目前世界天然气消费总量的三分之一是通过天然气市场中心交易的，这一比重继续呈增长趋势。通过天然气市场中心交易的天然气，主要发生在市场发育比较成熟的北美和欧洲地区。目前，亚太地区缺乏实际交易平台，天然气贸易仍以长期合同为主，但现货贸易和短期合同比例持续增大。建议从我国天然气市场的现实出发，分区域建设多个天然气枢纽，比如西北（西安）、华北（北京）、华东（上海）、华南（广东）等，并在上海建设面向亚太市场的天然气期货交易中心。

第四节　加强事后监管，淘汰落后炼化产能

推进炼化产业结构优化升级，淘汰落后产能，需要市场机制充分发挥作用。可以考虑实施放宽行政准入、提高环保门槛、放开油源使用、严格全程监管、加大惩罚力度等措施，在建立市场机制、增加市场活力、吸引优质民营资本的同时完成技术进步和产业结构升级，有效淘汰落后产能，保护和改善生态环境。

第一，取消对新建、扩建炼油企业的行政审批，建立严格的环境保护审批制度。建议取消发改委对炼油及扩建一次炼油项目的审批核准，通过放开炼化企业准入机制，鼓励民营资本进入，创造

充分竞争的市场环境。

第二，由环保部制定严格的炼油厂污染物排放标准和环境影响标准。对产能、装置水平等生产要素不做限制，通过增加环保成本促进生产技术升级，淘汰落后产能。对炼油厂新建、投产、运行全过程进行监管。

第五节　深化油气企业改革

我国油气行业中，3 个上下游一体化的大型国企占有大部分市场份额。改革既要引入竞争体制，也要保证国有企业做大做强，提高国际竞争力。因此，油气行业改革应与油气企业改革统筹推进。改革的总体思路："主辅分离、做强主业，产权明晰、完善配套"。重点是重组油气投资、管网运营和工程服务企业。国家对油气企业从"管人管事管资产"转变为管资本为主，主要辅业根据市场需求进行资产重组，具备条件的逐步上市。同时，引入多种所有制经济进入油气行业。具体有以下几点建议：

第一，主辅分离、资产重组。将中国石油天然气集团公司（以下简称"中石油集团"）、中国石油化工集团公司（以下简称"中石化集团"）、中国海洋石油总公司（以下简称"中海油总公司"）（三家合称"三大集团公司"）管理的资产，按照油气公司（上游上市部分和炼油化工、油品销售业务）和油气管道、工程服务，以及"三产"和多种经营等业务划分，进行资产、财务和人事重组。具体措施包括：

一是资本经营。将三大集团公司改组为国有资本投资公司，由国务院授权经营，三大集团公司继续保持对原上市公司的控股地位。

二是做强主业。将三大集团公司非上市部分的核心业务（即主业）并入上市公司，增强上市公司实力。

三是剥离辅业。将三大集团公司上市公司和非上市部分的"三产"、"多经"、油田服务等非主营业务剥离。一部分辅业组成若干独立经营的企业，由三大集团公司控股或参股经营。另一部分辅业，可以将资产整体出售，或者下放地方政府管理。如三大集团公司中规模较小油田和炼油化工、油品销售的子公司、分公司可以划转给省级地方政府，使其成为由地方政府授权经营的独立法人；医疗和教育单位按国家规定实行属地化管理。

第二，以产权改革为核心，加快完善现代企业制度。在改革中大量剥离、下放的企业，要按照"建立规范的现代企业制度、公司治理结构和适应国际竞争"的要求进行改革。剥离出来的各类"三产"、"多经"、油服等企业，具有完整的法人地位，独立经营的，可进行股份制改造，单独上市。允许国内外各类资本投资，或者对外参股。改组后的三大集团公司按照市场化、专业化、国际化的发展思路，转变经营机制，优化组织结构，精简管理层次，深化企业内部劳动、人事和分配等制度改革，建立健全企业内部的激励和约束机制，提高企业的国际竞争力。

第三，完善配套措施。油气企业改革事关重大，涉及面广，特别是在安置分流人员上要付出一定的代价。建议通过出售部分资产、转让部分油气矿业权，将获得的资金建立油气改革专项基金，用于承担油气企业改革的一部分成本。油气企业离退休人员实行社会化管理。

第六节　逐步放开油气价格

我国油气定价机制的改革不是独立存在的，需要与整个油气行业体制相匹配。在油气价格管理上，现有的政府职能主要是针对目前高度集中的油气市场结构，起到国家统一调控的作用。但当油气产业各环节逐步实现开放准入、引入有效竞争后，如果油气价格仍掌握在政府部门，将无法有效反映国内市场中真实的供求关系和成本变化，成为价格发挥市场调节作用的严重制约因素。因此，建立以市场竞争为导向的价格管理机制，实现政府职能由定价到监管的转变，是油气定价机制改革的必经之路。

第一，逐步放开价格，形成有效竞争。石油产业市场价格的形成是建立在产业链内各环节有效竞争的基础上的，在市场形成多元化主体之前，可在各环节实行政府指导最高限价，避免出现价格联盟。在油气产业中的上游勘探开发和进口权、中游炼化、下游销售等环节的准入进一步开放后，上游原油价格将不再由三大油气企业自行制定，而是与开放后的进口原油及其他勘探开发企业竞争形成；中游炼化环节同样经过合理竞争与上下游自主达成购销价格；而在销售环节中成品油的批发和零售价格也由市场定价取代原有政府定价或指导价。同时，政府通过税收、基金形成对合理价格的引导作用，并完善法律制度，加强市场监管，实现公平交易。

第二，政府监管管输价格。为防止油气产业链中管网部分对市场价格的影响，管输价格应仍由政府监督指导，在保证合理利润空间的同时，确保为上下游环节中的多元化市场主体提供公平准入的输配通道。同时，在新建管网设施中，鼓励第三方准入，进一步推动管输价格市场化。

第三，参与国际定价合作。目前在国内市场中，被动地"与国际油价接轨"的定价体制，并没有有效发挥中国作为石油消费大国对国际市场石油定价的影响力，不利于中国参与国际石油定价。因此，要建立健全石油的现货和期货交易市场，通过金融手段积极参与到国际定价环节，加强国内市场与国际市场中的供需关系有效融合，降低国际油价波动对国内市场的影响。对于现有的进口天然气照付不议合同的价格倒挂，可以按照国际惯例和合同条款，在回顾期内重新进行价格谈判。具体可以参照国际上的挪威和俄罗斯间已有案例。

第四，推进天然气价格市场化。天然气价格改革同样需要在打破各环节高度集中的基础上，由充分竞争的市场形成合理定价，最终取代现有的模拟市场和市场净回值法。天然气定价体系中除有限放开的管网环节仍由政府监督指导管输价格外，井口价格、净化价格和配气价格都应经过开放竞争实现市场化。

针对近期出台的天然气存量气与增量气门站价格并轨，及天然气与替代能源价格挂钩的政策，其调价周期与替代能源价格的计算方法都直接影响价格在市场中的供求信号作用，仅可作为逐步推进天然气价格市场化的过渡方案。对于仍由政府掌握的终端销售价格应当有针对性地对以工业、商业为主的非政策性用户进一步推进价格市场化，而以居民及享受居民价格的政策性用户也应逐步通过补贴政策改革使之循序渐进地跟上价格改革步伐。同时，与电力价格体制改革相配合，通过灵活上网电价机制进一步推动发电用气价格的市场化。

在逐步形成市场竞争的过程中，政府应当加强培育市场主体，营造良好的市场环境，在后期市场竞争较为充分，市场制度较为健全的条件下，实现天然气的市场定价。

第七节　构建多方利益平衡的财税关系

油气资源税费制度改革的思路是：理清利益关系、落实有偿取权、稳定所有者权益、促进资源开发、兼顾各方利益、构建新型资源税费体系。

油气财税制度改革目的主要集中在两个方面，一是配合油气产业的开放准入政策，建立健全国有资源有偿出让、有偿开发的财税政策，发挥市场在资源配置上的决定作用，与国际油气市场接轨；二是促进资源的有效开发利用，提高国有资产回报，建立中央与地方的合理分配原则，推动油气产业的持续健康发展。具体改革措施包括以下几点：

第一，理清经济关系，构建资源税费体系。按照竞争性进入、高风险持有、收益合理共享的原则，油气资源税费体系包括以下4项：

1. 矿业权使用费（rental）：体现矿租内涵，是资源国家所有者权益，按土地面积定额收取。同时体现激励勘查，采取逐年递进制，勘查阶段不封顶或达到采矿阶段使用费时止；采矿阶段使用费采取定额制。矿业权使用费取代原有的探矿权使用费、采矿权使用费和矿区使用费，简化税赋，增加持有成本，促进资源的有效开发。

2. 矿业权价款（bonus）：资源开发超额利润的预付款，即现金红利，采取竞争或者评估谈判产生价款。

3. 权益金（royalty）：资源所有者权益分成，在资源开发的毛利润中定率收取，也可以在矿业权竞争性出让时，对权益金率竞争报价产生。

4. 资源税（tax）：长远看来，权益金应取代原有的资源税、资源补偿费和特别收益金。但在目前低油价环境、国内油价成本过高及产量信息不透明的情况下，可适当保留资源税进行过渡，直到国企改革取得阶段性成果。

按照这一制度设计，油气矿业权出让时涉及使用费、价款两类，其中价款为主要变动因素，体现资源禀赋。在生产阶段涉及资源税和权益金两类，分别代表不同的经济社会功能，也兼顾了各方利益。为了不增加企业负担，取消特别收益金，其经济功能由权益金承担，可以在以往3年税费基础上进行测算，按比例对资源税率进行调整，为权益金的设定提供空间。

第二，提高国有资本经营预算，增加国有资本收益上缴公共财政比例。国有油气企业应由受政治业绩影响的多重目标体系，向以股东回报为目标的单一目标体系转变。通过提高国有企业经营预算，促使其积极参与市场竞争，退出闲置的低收益区块，进行集中有效的投资，加强国有资产回报。同时，提高国有企业收益上缴公共财政的比例，体现国有企业利益全民共享的原则，为国家财政作出应有贡献。

第三，理顺中央与地方的财权分配关系。油气税收制度应兼顾中央与地方的利益公平，补偿矿产资源开发对当地环境的破坏，调动资源产地的政府积极性，为油气企业生产经营提供良好的外部环境，促进企业和地方的共同发展。在国家所有的前提下，按照实际管辖权限和经济功能，对矿业权使用费、资源税、价款、权益金可与地方进行适当形式的分成。如矿业权使用费、权益金可以实行"谁出让矿业权谁收取"。探矿权采矿权价款目前是中央与地方2∶8分成，可继续维持。资源税可代表土地实际所有者利益，陆上由地方政府收取，土地国家所有的归省政府所有，按比例与地方政府分成；土地为集体所有制的由集体与当地政府分成；海上资源税由中央收取，归中央所有。

第四，建立石油基金，保障公益事业。权益金收入的管理方式可借鉴挪威模式，建立作为主权财富基金的石油基金，用于保护环境及其他公共事业用途，并在监管到位、公开透明的情况下进行统一投资，扩大国有收益，既保持油气产业的可持续发展，也增进我国的福利水平，做到真正意义上的全民共享。

第五，激励油气勘查开发。资源税费要激励资源勘查、合理开发和资源保护，在不同勘查开发阶段，可以用税费经济杠杆进行调节。如提高探矿权采矿权使用费，可在原有基础上提高 3 倍，即首个勘查期内使用费为 300 元／平方公里·年，第一次展期内每年增加 100 元，第二展期内每年增加 200 元，如此类推，最高与采矿阶段使用费看齐，以此来提高持有成本，引导油气企业加大勘查投入，加快勘查进程，或者加大区块退出力度，由其他投资者进入。对于非常规资源、低丰度低品位资源可以对使用费、资源税进行减免，甚至在特定时期、特殊条件下为鼓励这类资源开发而进行财政补贴。

第八节　深化政府管理体制改革

一般来说，涉及行业管理的问题，需要解决政策制定和行业监管的关系（政监关系）、集中监管和分散监管的关系、中央和地方的关系、政府和市场的关系等。在油气体制改革中，需要对这些关系进行全面的规划。

一是政监合一还是政监分开。在制定政策和进行监管上，小国家偏向政监合一，大国家偏向政监分开；小行业偏向政监合一，大行业偏向政监分开。总体而言，我国未来公共管理体制改革应逐步走向政监分开，以保证政策制定和政策执行之间的相互制约，增加政策制定的透明度，提高政策执行的效率。

二是集中监管还是分散监管。政府对行业的监管，从横向上分有统一监管和分段监管两种主要模式，从纵向上分有集中监管和分级监管两种模式。统一监管和集中监管是比较理想的模式，但考虑到我国现行政府管理体制，很难因为油气一项改革而作根本性的调整。在现有条件下，选择"分段分级"监管的模式是可行的。

基于以上分析，油气行业监管体制改革的目标是，以石油天然气市场化改革为方向，建立"政监相对独立、分段分级监管、部门分工明确、监管权责清晰"的现代管理体制。具体有以下几点建议：

第一，规划统一，分级实施。国家发改委和国家能源局是油气（能源）行业的政府主管部门，可赋予其更全面完整的管理权限。由国家能源局研究提出国家油气发展战略及油气资源开发利用、基础设施建设和环境保护的宏观方针、目标和政策，以及油气上中下游领域市场和行业监管的具体方针政策的建议，经国家发改委组织审议通过后，报国务院批准，批准下达后由国家能源局组织实施。国家发改委和国家能源局要进行合理分工。国家发改委主要是进行政策制定，对涉及跨部门跨地区的重大事项进行协调；国家能源局主要是对政策规划提出建议，落实已经出台的政策法规并进行行业监管。

地方发改委、地方能源局的职责主要是落实国家油气发展的战略规划和政策措施；对本地区油气战略、规划和政策提出意见，协调当地涉及能源政策工作的各相关部门工作。由于各地情况不同，地方发改委和能源局的职责应由各地根据实际情况进行分工。

第二，构建"分段分级"油气监管体系。具体考虑如下：

国家能源局：作为油气（能源）监管机构，充分利用其现有的专业司局以及各地的能源监管局（办公室），行使能源综合监管职能，担当起石油（能源）行业监管职责，监管内容包括市场监管、价格监管和相关的技术监管等。

建议赋予国家能源局在国家能源领域相对独立监管的权力，并下设石油天然气、电力、煤炭、新能源、核电等专业监管部门。这样，国家能源局将在石油天然气、电力、煤炭、新能源、核电等行业的监管体制框架内履行具体的监管政策制定和政策执行职能，并承担相应的监管责任。国家能源局各地监管办承担各地方能源综合监管职责。

国土资源部：国土资源部应转变审批职能。按照油气行业市场化改革的方案，参照发达国家油气行业的管理经验，建立矿产资源包括油气资源区块的勘查、拍卖、转让、开发、经营的市场机制。打破现有的高度集中的格局，让多元化的主体参与油气上游产业的竞争，维护公平竞争的投资环境。对原有和现有体制下无偿划拨及审批的区块，尽快出台相应的办法，让各类主体参与竞价和开发。

国土资源部相关监管机构应当加强对全国各地区块勘查开发经营区块的信息收集和相关监管。建议国土资源部构建统一的国家油气数据信息平台。按照"分级监管"原则，各地区国土资源部门收集汇总油气矿井的动态产量，纳入国家油气数据信息平台。

目前油气企业掌握的基础地质勘查职能和相关资料，应移交国土资源部。

商务部：随着油气行业市场化改革的推进，油气及石油产品进口将逐步放开，商务部关于油气、石油产品的进出口许可和配额管理职能都应逐步取消。商务部应加强对进出口市场运行的分析和监控，确保油气进出口市场的公平运行。对油气国内市场的监管，由国家能源局各地监管办执行。

国家质量监督检验检疫总局：继续完善其原有职能，按照"分级管理"原则，加强对各地市场油气质量标准的监督检查，确保市场竞争的公平。

环境保护部：按照"分级监管"原则，强化各级环保部门的职责，不只负责对油气开发建设活动环境影响报告书的审定，需要全面对油气开发、加工、经营、运输、交易、消费各个环节进行监督、检查，并承担监管责任。

国家安监总局：按照"分级监管"原则，强化各级管理局在油气开发、加工、经营、运输、交易和消费全过程的安全监督和检查，并承担相应的监管责任。

现有监管主体的基本职能是从传统计划体制逐步改革顺延下来的。随着油气体制市场化改革的推进，应出台监管细则，对监管基本职能、监管思路和方法给予相应规定。

第三，简政放权，放管结合。能源主管部门不再干预微观主体的经营活动，并尽快拿出"三个清单"，即权力清单、责任清单和负面清单。国家发改委、国家能源局和各地发改委及能源局应当大幅度减少对油气项目的审批。对不得不审批的项目，改串联审批为并联审批，提高审批效率。取消对油气运营的调配权。

随着能源行业市场化改革的深化，国家发改委价格制定权应逐步取消，由市场主体决定交易价格和方式。能源价格（包括油气价格）的监督检查，也应交给国家能源局各地的监管办，由其维护能源市场的公平竞争。

取消国家发改委对下游炼化项目的审批。

第四，尽快修订相关监管法律。尽快修订《中华人民共和国矿产资源法》及其实施细则、《矿产资源开采登记管理办法》、《矿产资源勘查区块登记管理办法》、《矿产资源开采登记管理办法》以及《中华人民共和国环境保护法》、《中华人民共和国海洋环境保护法》、《中华人民共和国价格法》等法律法规中不适用市场体制的条款，保证社会资本的公平进入，维护市场的公平竞争，减少政府干预。（参见本报告第六章）

第五，重点领域监管的改革。很多国家的石油天然气行业大都经历了从上下游一体化经营到网运分离、业务分拆、分段监管的过程。当前，需要对全产业链进行市场化改革，打破上下游一体化的经营格局。在合理划分竞争性业务与非竞争性业务的基础上，把竞争性业务放给市场，把非竞争性业务管住管好。在一切可以引入市场竞争的环节放松政府管制，同时加强政府对非竞争性业务的监管。石油天然气领域应当实行网运分开、主辅分离、公平准入、政府监管的改革，全面放开竞争性业务。

在油气勘探开发环节：改革油气矿权制度，改革矿权取得方式，建立矿权退出和市场化流转机制；继续推进以页岩气为代表的非常规油气资源公开招标，吸引非公有经济进入常规的边际油田开发领域；打破常规油气勘探开发的专营权。以上改革及后续监管应由国土资源部负责。（明确各部委职责，例如国土资源部负责监管公平出让、最低勘探投入等。）

在油气管道环节：尽快出台《油气管网设施公平开放监管办法》及实施细则。三大油气企业逐步将管网业务剥离，重组并设立3家独立的油气管道公司。做到管道所有权与油气所有权分离、管道运输业务与油气销售业务分离。为便于对油气管网进行监管和给管网运输定价，应当剥离管网公司辅业。严格监管，保证油气管网设施公平地向第三方开放，允许多元投资主体进入，防止管网公司滥用支配地位。能源价格管理部门按照"合理成本加正常利润"原则，通过听证会确定管网价格，并由价格监管部门监督检查。以上改革方案与政策应由国家发改委负责，国资委牵头，证监会配合完成改制和重组工作。按照"分级管理"监管原则，由相关监管机构监管运营活动，价格由能源价格管理部门制定和监管。

在炼油环节：按照"分段分级监管"原则，确定"三个清单"，明确地方质检、安全、环保、能耗等部门的监管目标、责任、流程和监管权力，加强质量、安全、环保、能耗监管和税收监管。一方面杜绝由于监管引起的勾结和腐败，另一方面追究监管不力应承担的相应责任。炼油项目由企业自主决定投资建设，无须经过审批。

在油气储备环节：建立和完善油气储备监管制度，明确国家能源局为监管机构，定期和不定期对战略石油储备账目和储备量等进行监管；鼓励并放开社会资本进入商业油气储备领域，发起并建立国家油气储备基金。按照"分段分级监管"原则，环境和安监等部门要加强对环境和安全进行监管。

在油气价格和市场贸易环节：制订油气进口权放开计划和步骤，放开油气批发零售主体和市场，推动市场多元化和充分竞争，由交易各方自主决定交易方式和交易价格。油气价格监督部门预防并检查滥用支配地位的行为，维护市场公平竞争。推动国内油气市场现货和期货交易中心成长，将其发展成为国际油气交易市场。建议由国家发改委负责制定改革方案，商务部配合，各地能源监管办监督油气价格的形成机制。

第六章
油气法规的废改立

与世界主要油气生产国和消费国相比较，我国油气行业法制建设严重滞后。中国成文法具有滞后性的特点，现有油气行业法律仍带有较强的计划经济和行政管制色彩，未能体现油气作为商品的一般属性。改革首先应当对这部分法规予以废除或停止执行。对有修改基础的法律法规进行修改。对尚未充分实践的或拿不准的政策措施不急于立法，可以先制定暂行条例，随着改革成熟再以法律形式固定。我们对现有法律、法规、部门规章和规范性文件做了一次"准法律尽职调查"，建议废止8份规范性文件、删除4条规定、修改9部法律规定、制定15项新的法律规范。

第一节　完善油气法规整体思路

从中国国情出发，完善油气法规，既要系统清理现有法律、法规和规章，扫除改革障碍，也要制定超越部门利益的、具体可操作的新法规；同时，建立法律救济体系，保护利益相关人的合法利益。在路径上，油气行业法律的废改立工作应该循序渐进，分清主次；在方法上，应注重借鉴国外成熟经验。具体包括：

第一，建立基于改革顶层的设计和实施方案。梳理、修改现有的油气法律、法规和规章，对未能体现经济发展规律、完全产生于计划经济时代、不合时宜、易与改革目标相悖的规定予以彻底废止，为能源油气市场化改革扫除法律障碍。同时，针对油气行业上中下游分别制定具备可操作性的实用法律规范，确保市场放开后有法可依、有规可循，避免陷入混乱。这些尚待梳理和修改的法规包括《油气区块矿权出让和转让管理条例》、《石油天然气上游勘探和开发监管条例》、《油气地质资料管理条例》、《石油天然气管道投资建设条例》、《石油天然气管道运营监管条例》、《石油天然气市场销售和价格监管条例》以及《油气行业环境保护条例》等。

第二，由独立第三方开展法规清理工作。长期以来，部门立法在很大程度上维护了部门利益的最大化，无法体现全产业链利益最大化和公共福利的最大化。对油气法律法规的梳理，应当超越油气行业，由独立第三方提出法规废改立的意见。在充分地照顾到各方不同利益的情况下，基于整个油气行业乃至整个经济的目标，从国家、民族和个人幸福的长远利益出发，建立基于资源和市场自然法则的、理性的油气法律制度。

第三，建立油气行业的法律救济体系。为了保护利益相关人的合法利益，对于政府违反法律侵害投资人和运营者的合法权利情况，应允许提供诸如行政复议、行政诉讼以及民事公益诉讼等司法救济，通过法律手段保护合法财产权益。行政部门各种规则的制定（如各种部门规章）会影响到投资者的利益，同时也不可避免地在中国现行法治水平下出现权力寻租的现象。对此，监管部门要通过行政执法查处各种侵害、侵占矿权等违法行为，同时借鉴美国的《行政程序法》等国外经验，在行政部门内部完善行政复议制度，建立独立、公正和透明的行政裁决制度，以便对政府的行为进行监督。

第四，借鉴国外能源法律制度。在做好中国问题的实证研究基础上，提出切实可行的中国问题解决方案。我们要认真研究国外的能源法，尽管有些方面国情不同，例如土地制度和矿权制度不同，有些规定可能不适用，但考虑到我们遇到的行业问题有些是共通的，因此国外成熟的能源制度经验（例如美国的联邦公有土地的矿权竞标程序、矿权转让的惯例等）是非常值得我们学习的。

第二节 需要废止删除的法律法规

删除两条关于限制勘查、开采条款，放开行业上游准入条件，删除对外合作中两条专营权的规定，废止、取消对原油进口的特许经营和油气下游贸易限制的法律，撤销6份关于限制贸易流通、销售的国务院及部委意见规定。具体如下：

1. 删除《勘查区块登记管理办法》第6条最后一句。关于应该提交的文件清单中"国务院批准设立石油公司或者同意进行石油、天然气勘查的批准文件"这一规定。

2. 删除《矿产资源开采登记管理办法》第5条最后一句。关于应该提交的文件清单中"国务院批准设立石油公司或者同意进行石油、天然气开采的批准文件"这一规定。

3. 删除《陆上石油条例》中关于煤层气业务对外专营权的第30条。该条原文规定"对外合作开采煤层气资源由中联煤层气有限责任公司、国务院指定的其他公司实施专营，并参照本条例执行"。

4. 删除《海上石油条例》中关于授予中海油海上石油对外专营权的第6条规定。该条原文为："中华人民共和国对外合作开采海洋石油资源的业务，由中国海洋石油总公司全面负责。中国海洋石油总公司是具有法人资格的国家公司，享有在对外合作海区内进行石油勘探、开发、生产和销售的专营权。中国海洋石油总公司根据工作需要，可以设立地区公司、专业公司、驻外代表机构，执行总公司交付的任务。"

5. 废止国营贸易企业对原油进口的特许经营法律规定。进一步放开原油进口权，取消国营贸易企业对原油进口的特许经营。任何企业（包括非国营的贸易企业），只要申请获得资质许可登记，即可以从事原油的进口和国内贸易。

6. 取消油气下游贸易限制的法律。为配合进口权的放开，应在法律上取消油气下游贸易上的限制（如排产计划），彻底放开下游销售环节，使得油气进口环节和国内贸易环节的放开相互协调。

7. 撤销 2003 年铁道部《铁运函 150 号令》规定。该规章规定，没有中石油和中石化两大集团统一盖章，各铁路局不准受理成品油运输业务（即排产权）。

8. 撤销 2006 年商务部颁布的《原油市场管理办法》和《成品油市场管理办法》。降低民营企业准入门槛，放松进口权，废除排产要求，取消原油进口的配额限制。

9. 撤销国务院 1999 年出台的《关于清理整顿小炼油厂和规范原油成品油流通秩序的意见》、2001 年出台的《关于进一步清理整顿和规范成品油市场秩序的意见》以及 2008 年国家发改委和商务部联合发布的《关于民营成品油企业经营的有关问题的通知》。撤销中石化和中石油在成品油批发和零售环节的特许经营权，使得全国各炼油厂生产的成品油不必交由中石油和中石化两大集团的批发企业经营，各炼油厂可以自销成品油。

第三节　需要修改完善的法律法规

修改《矿产资源法》、《矿产资源开采登记管理办法》、《陆上石油条例》、《矿业权出让转让管理暂行规定》、《城镇燃气管理条例》等9部法律，保护矿权人的主体资格和地位，确保不同投资主体地位平等，保护矿产资源，加强监管。具体包括：

1. 修改《矿产资源开采登记管理办法》（1998年2月12日的国务院令第241号）第3条。将"开采石油、天然气矿产的，经国务院指定的机关审查同意后，由国务院地质矿产主管部门登记，颁发采矿许可证"改为"在中国境内的任何实体（外资企业需基于负面清单从中国对外国投资的主管部门获得准入许可）欲开采中国境内的石油、天然气矿产的，需要针对国务院地质矿产主管部门设定的区块，通过受邀投标、公开竞标或法律允许的其他公开透明的竞争方式获得相关区块的探矿权，并且经国务院地质矿产主管部门登记，颁发相关区块的油气采矿许可证"。

2. 修改《矿产资源法》第4条中对矿权人的主体资格和地位的规定，确保不同投资主体地位平等。确保不同所有制企业（外商需受制于负面清单和法律规定的限制）的市场主体资格和地位在法律面前平等、不受歧视地相互展开竞争，打破国家石油公司对内的专营权；对于三大油气企业要深化改革，使其回归企业的属性，剥离不合理的社会职能，让企业自主地根据市场变化作出企业经营和发展的判断和决策。

《矿产资源法》对矿权人的主体资格和地位规定不平等，权责规定不明确。建议将该法第四条"国有矿山企业是开采矿产资源的主体。国家保障国有矿业经济的巩固和发展"改为"国家鼓励国有企业、民营企业以及混合所有制企业以及外国公司按照法律允许的方式参与油气行业的勘探、开采、开发活动。国家依据法律的规定保护矿业权人获得的矿权和相关的投资利益"。清理和废止一切现有的针对国家石油公司以外的企业的经营进行不合理的限制准入的规定，使其他国企、民营企业和混合制企业以及外资企业能够在法律规定的范围内平等地进行竞争。

3. 修改《陆上石油条例》第 7 条。该条原文规定"中国石油天然气集团公司、中国石油化工集团公司（以下简称'中方石油公司'）负责对外合作开采陆上石油资源的经营业务；负责与外国企业谈判、签订、执行合作开采陆上石油资源的合同；在国务院批准的对外合作开采陆上石油资源的区域内享有与外国企业合作进行石油勘探、开发、生产的专营权"，建议修改为"任何按照中国法律合法地获得中国境内陆上石油资源区块矿权的中国公司（以下简称'中方石油公司'）可以按照本条例以产品分成合同的方式与外国企业合作，共同勘探和开采陆上石油资源"。

4. 修改《海上石油条例》第 14 条和第 18 条。第 14 条规定："外国合同者在执行石油合同从事开发、生产作业过程中，必须及时地、准确地向中国海洋石油总公司报告石油作业情况；完整地、准确地取得各项石油作业的数据、记录、样品、凭证和其他原始资料，并定期向中国海洋石油总公司提交必要的资料和样品以及技术、经济、财会、行政方面的各种报告。"第 18 条规定："外国合同者为执行石油合同从事开发、生产作业，应当使用中华人民共和国境内现有的基地；如需设立新基地，必须位于中华人民共和国境内。前款新基地的具体地点，以及在特殊情况下需要采取的其他措施，都必须经中国海洋石油总公司书面同意。"建议这两条中关于中海油担任的相关政府监管职能转移给相应的政府主管部门，但中海油依据合同仍享有的权利和承担的义务除外。

5. 修改《地质资料管理条例》第 20 条，加强地质资料管理。国家应当建立和加强中央一级管理的国家地质资料馆，隶属于国土资源部，而地方国土资源部门获得的地质资料则需要及时地、无例外地上报到国家地质资料馆。国家地质资料馆有权加强实施地质资料的统一汇交制度，有权要求不同所有制的企业（包括国家石油公司）严格履行汇交地质资料的义务。建议通过法律明确违反地质资料汇交义务的法律责任。建议《地质资料管理条例》（2002 年 3 月 19 日国务院令 349 号）第 20 条关于逾期不汇交的责任修改为："逾期不汇交的，国土资源部或国家地质资料馆可以要求强制执行，汇交地质资料；如果在规定的期限内不执行汇交义务，则国土资源部可以终止相应区块的勘查许可证和采矿许可证。"

6. 修改《矿产资源勘查区块登记管理办法》（1998 年 2 月 12 日的国务院令第 240 号）（简称《勘查区块登记管理办法》）第 4 条。将"勘查石油、天然气矿产的，经国务院指定的机关审查同意后，由国务院地质矿产主管部门登记，颁发勘查许可证"，改为"在中国境内的任何实体（外资企业需基于负面清单从中国对外国投资的主管部门获得准入许可）欲勘查中国境内的石油、天然气矿产的，需要针对国务院地质矿产主管部门设定的区块，通过受邀投标、公开竞标或法律允许的其他公开透明的竞争方式获得相关区块的探矿权，并且经在国务院地质矿产主管部门的登记，颁发相关区块的油气勘查许可证"。

7. 修改《矿产资源勘查区块登记管理办法》第 21 条、第 29 条，解决"占而不勘"的问题。严格检查现有油气区块的最低勘查投入义务的履行情况，解决"占而不勘"的问题。对于已经颁发油气勘查许可证和采矿许可证的油气区块，依据现有的法规进行大规模的执法检查。基于现有的《矿产资源勘查区块登记管理办法》，严格执行第 17 条（完成最低勘查投入资金）、第 18 条（报告开工的义务）、第 25 条（如实报告义务），修改第 21 条（严格限制停止最低勘查投入的行政裁量权），修改第 29 条（明确规定未完成最低勘查投入的，经责令限期改正后合理时间内仍不改正，即撤销区块的矿权，并吊销勘查许可证）。对于违反上述法规的，可以撤销有关油气区块的矿权，吊销油气区块勘查许可证。对于国家石油公司掌握的油气区块一视同仁，以此促使国家石油公司对于其长期掌握的圈而不勘、圈而不采的油气区块，或者与其他公司合作勘查开采，或者退还给国家重新进行公开招标出让矿权。

8. 修改《矿产资源法》，合并探矿权与采矿权为矿业权，保障矿业权人权利和义务。中国实行探矿权和采矿权分离的制度。根据《矿产资源法实施细则》的定义，探矿权是指在依法取得的勘查许可证规定的范围内，勘查矿产资源的权利。采矿权是指在依法取得的采矿许可证规定的范围内，开采矿产资源和获得所开采的矿产品的权利。

对于获得探矿权的企业，发现矿产资源后如何获得相应区块采矿权，一直是进入油气上游领域进行投资的企业最为关心的问题。《矿产资源法》（1996 年 8 月 29 日经全国人大常委会修订）只是规定探矿权人享有取得采矿权的优先权，但并未规定在什么样的条件下优先取得，优先权的概念界定不清，难以操作。实践中多采取只要探矿权人完成了相应的工作，原则上就将采矿权赋予探矿权人，除非探矿权人存在法定禁止情形的做法。

由于探采分离，采矿权的再申请往往需要更多时间和精力，批准授予权利的部门之间是串联的，即只要有一个部门没有批复，申请人就只能等待，不能同时多个部门申请，严重影响勘探开发进度。并且油气的勘探开发无法完全割裂开来，在勘探实践中，往往造成资源浪费。建议修改《矿产资源法》，将探矿权与采矿权合并为矿业权，矿业权人在矿业权下拥有勘探、开发、开采和生产等权利和义务，不再人为地分割和设定矿业权为两种权利，但是如果矿业权人在获得矿业权后不履行勘探和开采义务或没有商业发现的情况下，则按照法律和相关矿权出让合同的规定，矿业权会被国家收回。

9. 修改《矿产资源法》、《矿业权出让转让管理暂行规定》，将矿业权转让的审批登记制改为"登记制"。目前对于矿权的转让（一般定义为矿业权人将矿业权转移的行为，包括出售、作价出资、合作、重组改制等）需要向负责登记管理机关申请，经审查批准后才可办理矿权变更登记手续（见《矿业权出让转让管理暂行规定》第 37 条）。基于对矿业权作为财产权的承认，应当允许矿业权在满足法定条件下可以自由转让。建议修改《矿产资源法》及相关行政法规，建立"以自由转让为原则，禁止转让为例外"的矿业权市场，使转让行为仅在违反法律的禁止性、强制性规定等少数情况下才无效，使矿业权在不同主体间充分、公开流转，优化资源配置。为了保障矿权转移的合法性，应允许获得矿权的企业自由地（外资除外）转让油气资源的矿权及产品分成合同项下的投资权益，或通过股权转让的方式来间接地转让矿权，将矿业权转让的审批登记制改为"登记制"，同时使得油气矿权的交易可以在全国或地方性的矿权公开交易平台上进行。

10. 修改最低勘探投入义务的法规。对于国家石油公司现有的区块，在其不能满足最低勘探投入的情况下，可以通过与其他企业合作的方式，经国土资源部批准继续保留区块的矿权。对于国家石油公司无偿获得，但又未能满足最低勘探投入义务的油气区块，限定其在一个期限内，要么将该区块退还给国土资源部，要么向国土资源部申请批准，通过获得国家委任的方式代表国家与其他国内企业（其他国企、民企或混合制企业）签署产品分成协议（基于国土资源部的范本），共同进行开发。国家石油公司也可以在把相关油气区块归还国家之后，由国土资源部招标，国家石油公司和其他国内企业一起组成联合体与其他竞标者竞标，如中标，则可以由联合体与国土资源部直接签署联合作业协议（基于国土资源部的范本），联合体成员企业对于产品分成协议项下的义务对国家承担连带责任。

11. 修改《城镇燃气管理条例》，加强对燃气供应公司的监管。对燃气供应公司的市场准入和准入后的经营进行审核和监督，禁止燃气供应公司随意终止天然气供应，修改中要考虑到燃气供应公司有权基于其特许经营权，可以获得合理的商业利润，但同时需要履行法律所要求的公共服务义务。城市燃气行业一般被认为是公用事业，属于城市基础设施行业，发挥着城市燃气能源供应载体功能。通过对一些实际案例的研究，我们看到，不论是在法律上还是在现实中，具有特许经营权的中国城市燃气公司仍然未能建立起为居民消费者普遍服务的义务规范，天然气管道安装和改造公司与城市燃气供应公司之间的关系与市场定位仍然未能完全理顺，监管部门对城市供气市场的监管还处于初级的阶段。通过立法禁止燃气供应公司随意终止天然气供应，因为燃气供应公司向社会供气既是商业行为，也兼具公共服务义务的属性，因此立法中要考虑到燃气供应公司应有权基于其特许经营权获得合理的商业利润，但同时需要履行法律所要求的公共服务义务。

第四节　需要新制定的法律法规

除了废止、删除、修改阻碍油气行业市场化改革的法律规范外，还应该制定适合国情、可操作的行业法律、条例或细则，以规范矿产资源的勘探、开发、转让、收益，强化政府的监管作用，保护矿产资源、保护环境。具体如下：

1. 制定以招投标方式出让油气矿权的法规。首先，应通过法律法规而非行政许可，明确油气矿权具有用益物权的性质，这样可以使得投资者获得的油气矿权获得法律上的认可和保护。其次，对于油气矿权的招投标程序，我们应参考国际经验，尽快制定出有效、合理、公平的油气区块矿权招标文件、油气矿业权出让合同、矿业权证书和承诺书的范本，就油气矿业权的范围和性质、矿业权期限、勘探和开发义务、最低义务工作量、财务条款、环保安全责任义务、争议解决条款等必备条款作出规定。

2. 制定基于合同机制的矿权管理法规。明确油气矿权的财产权性质以及国家与矿业权人之间的法律关系，从而在法律层面上对矿业权人既有义务约束，也有投资保护。《物权法》早已明确矿权属于用益物权，属于财产权权利束（占有、使用和收益）的一种他物权。按照中国宪法，矿藏属于国家所有，国家是矿藏的所有权人。矿业权作为矿产资源国家所有权上设置的他物权，国土资源部代表国家，按照标准的油气矿权出让合同（范本）出让这种用益物权，通过要求获得矿权的一方承担各种义务和承诺，包括最低工作投入、保护资源和环境等。同时，获得矿权的一方要按照法律向国家税收部门缴纳资源税、石油特别收益金，并且按照矿权出让合同向国土资源部缴付与区块矿权有关的权益金、矿权使用费。油气矿权出让合同既是国家授予矿权的法律文件，也是国土资源部与矿业权人之间的契约。矿业权人的财产权和合同权利受到法律保护，同时如果其违反法律和合同项下的义务和承诺（如最低工作投入），也要承担相应的法律后果（如矿权出让合同终止、区块收回）。

基于上述制度安排，国土资源部担任两种角色：一是代表国家出让油气区块的矿权，享有法律和出让合同项下的权利；二是作为矿权的行政管理者，在矿产资源的勘查、开发过程中，基于对社会公共利益的整体考虑，依法对于矿产资源的勘查、开采行为进行必要的行政规制（如矿业经营中的监管）。本报告建议，为了便于两种角色职能的执行和协调，矿权出让由国土资源部一级管理，而基于矿权的相关监管（包括依法进行的行政许可、管理和处罚）则与矿权的授予相分离，下放到县级以上地方政府的国土资源部门。同时，国土资源部各级部门应与油气行业运营监管、资源和环境保护、安全健康等部门的工作相互协调。上述制度可改变那种认为矿权是一种行政许可的观念，并改变目前将矿权所有权出让和矿权规制相混淆的现状。

3. 制定油气区块矿权有偿取得的法规。改变现有的区块矿权无偿获得制度，理清油气行业的矿权对价以及国家征收的各种税费，建立合理的油气税费制度。中国应根据自己的油气资源储藏情况和开发成本，制定出适合于中国的油气区块矿权的持有成本（如提高探矿权使用费）和缴付国家的提成费（即权益金）的比例。同时，中国应改革现有的油气行业混乱的、不合理的税费制度。

中国目前的油气税费制度主要包括探矿权采矿权使用费、矿业权价款、矿产资源补偿费（海上为矿区使用费）、资源税、石油特别收益金共 5 种油气资源税费。对于这些税费，油气资源所有者、管理者和投资者之间的经济关系和法律关系比较混乱。具体建议如下：（1）建议通过立法明确，除国家石油公司历史上无偿获得的已经勘探和开采的油气区块外，任何企业（包括国有企业）从任何油气区块获得矿权均须按照法律规定支付对价，包括签字费（signing bonus）（按区块质量定）、油气区块的持有成本（如探矿权使用费）。（2）鉴于目前中国的探矿权使用费太低，建议该使用费标准应参考国际经验定得更高一些，以增加油气矿权的持有成本。(3)建议提高油气区块矿权的权益金(royalty),最大限度地实现全民拥有的资源所有权的收益。权益金是按照国家作为资源的所有者,在基于扣除了生产成本后的油气产量或现金收入中所占的提成比例来计算的,这是一种基于油气开发中具有的不确定性而设计出来的一种比较合理、公平的利益分配机制。

4. 制定权益金合理分配的法规。在矿权出让收益金和各种税费的分配上,平衡中央政府与地方政府之间的利益,给油气资源所在地的政府和人民以合理的照顾,不过分剥夺当地的利益,同时也要避免地方发展中容易出现的"资源诅咒"现象。可以参照美国的经验,在油气区块矿权出让所获得的矿权权益金(royalty)中,将一定比例的矿权权益金留给地方财政。具体方案有待研究。

5. 制定矿权优先于地表使用权的法规。油气的矿权是一种从土地所有权派生出的,但是却与土地使用权分离并行的他物权。这种采矿权设置的问题在于,其获得是不以获得地表土地使用权为前提条件的。获得采矿权并不一定就能获得该地块地表的土地使用权,仅获得采矿权而没有获得、或者无法在经济上可行的成本条件下获得地表的使用权,将会严重妨碍采矿权的行使。在中国,由于法律设置了两种他物权(地表的土地使用权和地下的采矿权),并由授权政府部门(土地行政主管部门和矿产资源主管部门①)依据

① 1998年3月10日,九届人大一次会议第三次全体会议表决通过关于国务院机构改革方案的决定。由地质矿产部、国家土地管理局、国家海洋局和国家测绘局共同组建国土资源部。保留国家海洋局和国家测绘局作为国土资源部的部管国家局。理论上说,土地管理主管部门和矿产资源主管部门已经合并到"国土资源部"。见 http://zh.wikipedia.org/wiki/%E5%9B%BD%E5%9C%9F%E8%B5%84%E6%BA%90%E9%83%A8。

不同的法律（《中华人民共和国土地管理法》和《中华人民共和国矿产资源法》）分别进行权利的授予和证书的颁发。这种制度设计人为地割裂了土地所有权派生出的他物权的授予和行使，增加了交易的成本和权利的不确定性，实际造成的现状就是拥有地下矿产资源开采权，但却无法保证其能顺利行使该开采权，从而增加了投资者的风险。因此，通过法律形式确定矿权优先于地表使用权非常重要。

6. 制定《油气上游企业登记管理条例》。对油气勘探、开采、油服等企业给予资质上的认定，规定的资质门槛要合理，不要过高。

7. 制定《油气行业合作勘探、开采和经营管理条例》。应允许各种实体以公司形式或合伙企业形式组建油气行业的各类企业，可以单独或组成联合体就国土资源部对外开放招标的油气区块进行投标，也允许获得油气矿权的企业以产品分成协议、分租协议、分包协议、供货协议和技术服务协议等方式展开合作。同时允许获得矿权的中国企业与外国石油公司以产品分成协议或分租协议的方式参与油气勘探、开发和开采，以图在油气上游打造一个多元的、有序竞争的油气生产和供应结构。该法规也会对油气勘探开发生产中出现的商事争议的解决作出相关规定。

8. 制定天然气管网监管法规。在天然气中游环节，通过立法放开天然气管道的投资建设，确立天然气管道作为公共设施的定位，对天然气管道进行监管（准入、退出、第三方服务、价格监管）。

2014 年 2 月 28 日，国家发改委发布了《天然气基础设施建设与运营管理办法》（国家发展和改革委员会令第 8 号），该管理办法于 2014 年 4 月 1 日开始实施。该办法适用于中国陆上和海上的天然气基础设施规划和建设、天然气基础设施运营和服务、天然气运行调节和应急保障及相关管理活动。特别要求城镇燃气设施执行相关的法律法规。该办法给社会资本进入天然气管道建设打开了大门。该办法第 6 条规定，国家鼓励、支持各类资本参与投资建设纳入统一规划的天然气基础设施。

但从现实来看，社会资本进入管网建设领域仍然面临种种困难。一方面，天然气管网建设投资巨大，而管输价格机制尚未理顺，社会资本无法和国企相抗衡，在短期内很难达到竞争力，企业盈利前景不明朗；另一方面，上游气源基本被三大油气企业分割，非大石油公司投资建设的管道可能面临上游供气的不确定性，易被国企所左右。对于天然气管网投融资改革的目标和路径，需要进一步研究和确定。

9. 制定天然气管网向第三方无歧视开放的法规。通过制定法律法规，明确天然气管道行业只能提供管输服务，不能兼营天然气销售业务，对于第三方准入和提供非歧视性服务，应进一步制定实施性的规定确保得到实施。目前，天然气管道企业的独立性已经在法规里被确立。根据《天然气基础设施建设与运营管理办法》第 16 条规定，天然气管道企业同时经营其他天然气业务的，应当建立健全的财务制度，对天然气基础设施的运营业务实行独立核算，确保管道运输、储气、气化、液化、压缩等成本和收入的真实准确。

但是按照目前的法规，天然气管道企业是否可以兼营天然气管输业务和销售业务，答案仍不明确，对此，法律法规应予以明确。《天然气基础设施建设与运营管理办法》确定了第三方准入、非歧视性地提供公共服务的原则，提出了天然气基础设施运营企业应该提供非歧视性服务，不得利用对基础设施的控制排挤其他天然气经营企业。未来应进一步制定实施性的规定，明确非歧视性服务的监管机构和监管办法，确保第三方准入的实现。

10. 制定《加油站设立和经营管理办法》，放开加油站业务的市场准入。同时要求中石油和中石化对其全资或控股拥有的加油站企业限期进行混合制改造或剥离，以此实现加油站行业多元主体经营的行业改革目标。2014 年，中石化宣布要将油品销售业务的30% 股权引入民资。但是，对于整个油气下游行业放开经营主体、形成多元主体竞争格局的改革目标而言，这样的混合制改革仍然起不到有效的作用，因此未来改革应着力于行业放开，鼓励多元主体之间进行公平竞争。

11. 制定国有企业混合制改造方面法规。要求中石化和中石油限期对其拥有的油气贸易和销售企业进行混合制改造或剥离，在其出售股权和资产时应进行国有资产评估，竞标拍卖，防止国有资产流失。

12. 制定反垄断法在油气行业实施的细则。通过在油气行业流通领域适用《反垄断法》，禁止任何公司滥用市场支配地位（参考2014 年云南盈鼎生物科技有限公司诉中石化的反垄断第一案）。

13. 制定油气资源环境保护的法规。制定与油气行业有关的资源保护、环境保护和安全生产条例，要求油气企业在准入后的经营中遵守法律和相关标准，保护油气资源，确保作业的健康和安全。

抓紧制定油气行业的环境保护规定，抑制油气行业造成的环境污染，通过立法解决外部性成本问题。建立与油气行业有关的资源保护和健康安全制度。制定相关的行业标准和国家标准。美国石油业关于斯平德托普的案例和早期监管的实践对中国具有一定的借鉴意义。中国在放开油气上游准入后，应加强准入后的经营监管，例如对石油开采率、井的距离、开采速度、化学液的使用、地下水的保护、禁止燃空等均须作出严格规定并严格执行，避免对地下矿产资源进行掠夺性开采和对环境造成破坏。

14. 制定海上油气事故环境保护的法规。对于海上油气钻探漏油事故和油轮泄漏事故，中国应尽快制定石油污染法，同时完善《海洋环境保护法》。康菲漏油案件已经揭示，目前中国的法律对石油污染责任界定不清，赔偿责任过低，不足以起到震慑作用，同时缺乏民事赔偿机制。当然，最需要改进的仍然是中国普遍存在的执法不力、司法救济缺位的现状。中国应尽快制定油气行业对海洋资源污染责任赔偿的标准。

15. 制定石油天然气行业的监管法规。建立有效的监管体制和程序，制定准入的负面清单，加强准入后的监管工作，对现有的行业主管部门做好职能转换。通过制定法律和法规，建立一个监管有效的包括中央和地方政府两级或多级的监管制度，要确保监管部门独立，监管制度要细化到事权和责任的划分。

行业监管还须理清楚政府的两种职能，一为全民所有的矿产资源的代管人，二为能源行业的监管者。为了扩大能源行业市场化，政府监管法律可以使用负面清单。对于政府违反法律侵害投资人和运营者的合法权利者，应允许提供诸如行政复议或行政诉讼和民事公益诉讼中可获得的司法救济，通过法律手段保护合法财产权益。但为了防止"圈而不采"的情况，还需要通过合同、许可等方式对勘探和开采期限进行限定，并规定在这种情况发生后经通知、警告仍不进行勘探或开采的，国家可以收回矿业权。

第七章　附　件

第一节 美国天然气市场化发展历程

美国是现代天然气工业发展最早的国家之一，也是天然气市场化改革启动最早、最为成熟的国家之一。因此，美国的天然气市场发展历程和改革经验具有重大的借鉴意义。

美国早在 20 世纪 70 年代就开始实行市场化改革，首先解除了井口价格管制，并通过解除管输和销售业务的捆绑以及管道的第三方准入，在批发环节引入竞争，形成气与气竞争的市场格局，逐步建立起了现代天然气市场运行机制。美国的天然气市场化发展历程大致可以分为自由发展、全面监管、放松监管和市场化完善 4 个阶段。

一、自由发展阶段（1938 年以前）

美国的天然气工业起步于 20 世纪初，在天然气发展早期没有专门针对天然气行业自然垄断特征的政府管制。政府对天然气行业的监管依据是宪法中的贸易条款，联邦政府和州政府之间的监管分工是：联邦政府主要负责监管跨州的天然气贸易，但不干预天然气的生产和运输；州政府则负责监管州内的天然气业务。但无论是联邦政府还是州政府都没有对跨州管道的监管职责，这就形成了跨州管道的监管空白。由于管道公司具有买方和卖方垄断地位，这一时期实行天然气的垄断定价。

二、全面监管阶段（1938—1977 年）

美国对天然气行业的管制在 1935 年联邦贸易委员会进行市场调查后才开始实施。这项调查公布了天然气价值链上纵向一体化企业存在高度市场集中和滥用市场支配力的问题。1938 年国会通过了《天然气法》，标志着美国天然气工业进入政府监管阶段。

《天然气法》规定联邦电力委员会（联邦能源监管委员会的前身）为州际天然气管道的监管机构，而对州内天然气管道的监管则由州监管机构负责。同时规定，联邦政府的管辖权仅限于以下 3 个方面：一是涉及州际贸易的天然气运输；二是采购的天然气的州际转售；三是从事此类运输或销售的天然气公司。

联邦电力委员会对天然气的州际运输和销售具有管辖权，但不涉及当地的生产商。生产商对管道公司收取的价格并不包括在州际销售价格之中，而是由天然气管道公司转移给终端用户。为了避免这种情况，最高法院先是在 1947 年"州际天然气公司诉联邦电力委员会"一案判决中授权联邦电力委员会监管天然气生产商与其关联的管道公司价格，之后又于 1954 年"菲利普斯石油公司诉威斯康星州"一案判决中将联邦电力委员会的管辖权扩展到包括生产商在内的价格。自此，美国天然气工业进入了全面监管阶段。

联邦政府实施天然气价格监管的初衷是促成公平、合理、非歧视性的价格，然而监管措施人为地造成了州际市场和州内市场这两个天然气市场。联邦政府的监管价格是基于历史成本的价格，而不是随市场价格变化而浮动的价格。但是，基本上不受监管的州内市场价格却接近世界市场价格，而且在这一时期高于受监管的州际市场的价格。其结果是，这两个市场出现了价格差异，从而导致双重市场问题进一步恶化。价格差异扭曲了市场，天然气国内生产降低，造成了天然气市场的人为短缺。

三、放松管制阶段（1978—1991 年）

严重的天然气短缺引起了要求解除天然气市场价格监管的广泛而强烈的呼吁。在这一背景下，1978 年出台了《天然气政策法》，其要点是开始解除价格控制、刺激生产和统一天然气市场价格。该法对原有制度作出了四方面的重大修改：一是联邦政府控制州内市场天然气的价格；二是对 1978 年之后开始生产的新天然气，指定用于计算每月价格上涨的公式；三是新天然气的最高价格与石油炼成品的价格挂钩；四是从 1985 年 1 月 1 日起取消价格监管，但是对一些类别天然气（如新天然气、新的陆地天然气井和一些州内天然气合同）的销售，可以恢复价格监管。

同年，国会还颁布了《发电厂和工业燃料使用法案》，限制新的工业锅炉和新电厂使用天然气，以保证对居民的供应。

双重市场结构、价格自由化、"照付不议"合同和供应增加这些因素共同导致了天然气市场的混乱。为了解决这些问题，美国联邦能源监管委员会（FERC）在 20 世纪 80 年代制定和实施了一系列监管措施。1985 年，联邦能源监管委员会发布了第 436 号令，通过"解绑"程序使得管道公司的贸易和运输业务相分离，为受到限制和不便于更换燃料的用户开放天然气管道的使用权。第 436 号令的主要内容包括：（1）管道公司提供开放和无歧视性的运输服务；（2）在需求超过运输能力的情形下，开放运输管道将按照"先到先得"的原则提供运输服务；（3）在合理的范围内监管运输服务价格；（4）当地分销公司可以将"合同需求"转化为运输服务，并且可以降低合同需求量；（5）加快对愿意提供开放运输业务的管道公司发放新的管道设施和服务许可。

为了鼓励钻探，1989 年美国国会通过了《天然气井口解除控制法》，旨在消除对井口价格的所有管制。该法案规定，国会在 1993 年 1 月 1 日解除了对天然气生产商销售市场的所有监管。该法案的直接结果是基本上废止了《天然气法》第 7 条（b）款的限制退出规定，因为它取消了对"首次销售的"天然气的价格和服务监管。该法同时实施了天然气井口定价解控和自由使用天然气管道的政策。

由于"照付不议"义务继续充斥天然气市场，联邦能源监管委员会 1989 年出台了第 500 号令，该令在很大程度上是对第 436 号令的修改，只是更为关注"照付不议"的问题。根据该法令，生产商通过开放的管道所销售的天然气，应当用于抵扣管道公司"照付不议"条款下的义务。它还对累积的"照付不议"下的义务规定了分担办法，并且对避免形成新的此类义务作出了规定。

四、市场化完善阶段（1992 年至今）

尽管已制定并实施了一系列的市场化改革政策和措施，但天然气市场中仍存在阻碍自由竞争的因素，很多交易仍然采用自由竞争市场中少有的捆绑方式。因此，1992 年 4 月，联邦能源监管委员会发布了第 636 号令。该法令的主要内容包括：（1）强制性地解除管道公司捆绑的销售和运输业务，即禁止管道公司从事销售天然气业务；（2）总许可授权管道公司按照市场价格进行非捆绑的销售；（3）为天然气的所有卖方提供"等质量的"、开放的运输服务；（4）运输服务的范围也包括储存服务，以便使储存服务也受制于开放规定；（5）预准管道公司在合同期满或中止之后，放弃销售、间断的运输和不超过一年的不可撤销的短期运输服务。不可撤销的长期运输合同则受制于现有用户对替代报价的优先权；（6）在符合行业结构重整的前提下，允许管道公司回收全部的"过渡成本"。

此后，联邦能源监管委员会通过第 637 号令（1999 年 2 月）、637–A 号令（2000 年 5 月）和 637–B 号令（2000 年 7 月）对第636 号令进行了修改。这些修改完善了价格和定价规定以及调度和报告要求。第 436、500 和 636 号令及其修订形成了美国天然气监管改革的核心，并且开始使天然气管道成为公用运输设施。

综上所述，联邦能源监管委员会一直试图将天然气管道作为促进产业竞争的突破口。自此，美国通过解除井口价格管制、解除管输和销售业务的捆绑以及强制性地要求管道的第三方准入等一系列措施，完成了对天然气工业的市场化改革，形成气与气竞争的市场格局，建立起现代天然气市场运行机制。

第二节 欧洲天然气市场发展历程

欧盟天然气市场自由化改革始于 20 世纪 90 年代初期。根据 94/22/EEC 指令，欧洲委员会于 1994 年开始开放上游勘探开发领域。该指令明确了各项基本规则，以确保天然气勘探、开发及生产活动的无歧视性准入，有效保障天然气的供应。该指令合理限定了授予企业经营权的地理范围以及期限，防止单个企业在某一区域实行垄断经营，通过多家企业参与更有效地进行天然气勘探、开发和生产。经营权授予采取透明的方式，选择企业的判断标准包括企业的技术和财务能力，计划开发的地理区域的勘探、开发及生产方式，如果经营权挂牌出售，企业购买经营权愿意支付的价格也将作为判断标准。

针对中下游领域推行的自由化始于 1998 年，即欧盟发布的第一号天然气指令——《天然气内部市场通用规则》第一版 (Directive 98/30/EC)，旨在欧盟内部建立统一、开放的天然气市场。该指令的主要内容包括：(1) 将输气管网运营与天然气贸易脱钩，实行相互独立管理；(2) 要求具有自然垄断性质的运输网络、储气库以及液化天然气（LNG）接收站等基础设施推行第三方准入。成员国可选择强制性或协商性的第三方准入机制，而具有自然垄断性质的基础设施仍可归于纵向一体化企业，但需要实行会计核算分离；(3) 设定了开放天然气市场的最低标准，规定每年天然气消费量超过 2500 万立方米的发电企业以及大型用户有权选择各自的供应商。另外，该指令还设立了相应目标：开放的天然气市场份额在全年天然气消费量中至少达到 20%，在指令生效 5 年和 20 年后分别达到 28% 和 33%。

在第一个天然气指令在各成员国实施前，欧盟已经推行了天然气和电力的自由化。为了加大市场开放程度，1999 年又成立了利益方相关论坛，即马德里论坛。马德里论坛的研究结果促成了 2003 年第二号欧盟天然气指令——《天然气内部市场通用规则》第二版（Directive2003/55/EC）的颁布。该指令强制所有成员国设立监管机构，进一步提高第三方准入要求，对需要监管的管网费用计算规则作出了规定——基于实际成本、适当的投资收益率以及考虑新建基础设施的激励机制的有效成本。该指令规定 2004 年天然气市场对所有非居民用户开放，并于 2007 年 7 月完全开放。该指令第 22 条规定，新建的大型天然气基础设施（长输管道、液化天然气及储气设施）可免除第三方准入。对于免除的决定，监管机构需视具体情况而定。自 2005 年起，10 个新建管道工程与 4 所新建液化天然气接收站（全部来自英国市场）被批准免于监管。此外，该指令加强了阻塞管理的协调，成员国间的容量分配以及服务平衡方面的问题。

为深化欧盟天然气市场自由化改革，欧盟于 2009 年发布了第三号欧盟天然气指令——《天然气内部市场通用规则》第三版（Directive2009/73/EC）。欧盟要求所有成员国将该指令于 2011 年 3 月前纳入国家法律，其目的在于进一步推行第三方准入，对各成员国做到等效监管。该指令进一步说明了"以非歧视性形式推进基础设施投资，对新加入企业实行公平准入以及确保市场透明度的最有效的措施为实行所有权分离"。不过指令也允许实行另外两种分离方式，即建立独立系统运营商（ISO）以及独立输送运营商（ITO），并要求成员国至少实行这三种分离方式当中的一种。

在发布第三号欧盟天然气指令的同时，欧洲委员会设立了欧洲能源监管机构合作署（ACER），其主要职能为监督和指导具体事宜。ACER 促进了各国监管机构之间的合作并建立了和谐的关系。该机构不具备立法权，但是在发放豁免权和解决各国监管机制之间的争端方面具有独立的决定权。ACER 为 ENTSOG 制作详尽的管网规范提供一个基础的框架性方针。这样的管网规范可能会被欧洲委员会采纳，同时，可能会在欧洲各国议会上以及欧盟议会上提出，使其具有法律约束力。

第三节　国外管网运营主要模式

从各国的实践看，并没有一种统一的天然气管网运营模式，主要分为 3 种：

一是上下游一体化、独家经营模式。该模式以改革前的法国天然气产业组织模式最为典型。法国燃气集团基本覆盖了法国天然气的生产、输气、配气和销售，市场份额超过 90%。该模式的优点是便于上下游协调和统一规划，弱点是生产、输气、配气和销售等各个环节效率低下，成本居高不下。法国工业和民用天然气价格是美国的2倍左右。与美国近年来天然气价格持续下降不同，法国的天然气价格却不断上升，导致政府和民众形成尖锐对抗。近些年来，迫于现实压力和欧盟统一市场建设的要求，法国对天然气产业进行了改革。法国燃气集团改为母公司，输气公司、配气公司、储气公司、LNG接收公司成为独立法人，独立运营。通过改革，法国天然气竞争性市场初步形成，行业效率得到提升。

而同样采用独家经营模式的俄罗斯，则因为天然气管网一直以来都是统一规划实施建设，由一家国有控股公司经营，全部管网归属政府统一管理，国家干预性极强，导致效率低下。例如因俄气公司前任总经理切尔诺梅尔金出任总理，俄气公司受到了非正常庇护以致监管缺失，出现了大规模的逃税、资产剥离和国有资产流失等情况，在社会上引起广泛争议和不满。

二是管道独立、管网独家经营模式。该模式以英国最为典型。英国输气公司负责全国天然气干线管道的管理和运营，配气管网则分别由5家公司各自管理和运营，储气库由其他公司来管理运营。该模式的优势是，将天然气输送与生产和销售分开，鼓励了生产商之间、零售商之间的相互竞争，提高了运行效率。该模式的缺点是，由于管网独家经营，存在明显的信息不对称，公平准入执行难度大，成本难以监督。

三是管道独立、多家经营、公平接入的竞争性管网模式。该模式以美国最为典型。管道业务与生产、配气、销售业务分开，并向第三方公平提供输送和储运服务。同时，管道输送也形成了多家经营、相互竞争的局面。美国拥有6300家天然气生产商，通过

160 家管道公司为 1200 多家配气公司供应天然气，其中 30 家最大的跨州管网公司占有 77% 的跨州管网里程和 81% 的跨州天然气输送量。该模式的优点是：上下游企业可以选择不同的管道运营商，有利于实现公平接入；不同区域天然气价差驱动私有企业进行大量的基础设施投资，有利于加快管道基础设施建设，大部分美国长输管道投资是在市场开放情况下完成；竞争的引入显示了真实运营成本，降低了信息不对称的程度和成本监管的难度。

第四节　我国油气监管职能演变及现状

主要从油气监管历史、监管机构演变、管道安全监管、价格监管、油气企业职能调整以及现有油气行业各环节的监管情况作基本的描述。

一、油气监管演变

我国油气资源的监督管理起步较早，最早的油气资源监管体现在矿产资源监督管理的规章制度中，但几乎没有单独的加强油气资源监管的文件、规章制度或部门法规。为加强对矿产资源开发利用和保护工作的监督管理，国务院于 1987 年 4 月 29 日发布了《矿产资源监督管理暂行办法》，从制度层面对矿产资源的监管作了较为具体的规定，明确要求国务院地质矿产主管部门"制定有关矿产资源开发利用与保护的监督管理规章及其执行情况等"，并明确要求地质矿产部门对执行本办法负责；同时指出，地质矿产主管部门可以"根据需要向重点矿山企业派出矿产督察员"。但之后很长一段时间，都没有相关文件和管理规定出台。计划经济后期制定的《矿产资源法》及其配套的《矿产资源监督管理暂行办法》是由资源管理部门和工业管理部门（或具有行政授权的中央国有大型企业，大都是原来政府部门转变而来）共同监管。

二、政府监管机构演变

新中国成立初期，中央政府部委数量很少，能源行业通过燃料工业部，全面实施石油、煤炭、电力等行业的行政管理。到 20 世纪 70 年代，这一部门演变为燃料化学工业部，并随之分拆为煤炭部、石油部、电力部及化工部，逐渐分行业进行管理。由于受苏联计划经济管理体制的影响，中国在这段时期成立了涉及国民经济各个方面的众多行政机构，政府机构逐渐变得庞杂，单是机械工业部就成立了 8 个。这时候我国的石油石化基本是以横向分割为主，石油部分管上游（勘探开发），化工部分管中游（石化、炼制），而地方政府管理下游资产（销售）。1998 年机构改革，撤销了一批工业主管部门，将资源的管理权划入资源管理部门，原工业部门或转变为企业，或转变为行业协会，或并入有关部门。

三、油气管道安全监管演变

新中国成立初期，西方国家对我国实行技术封锁，但油田发现和产量的大幅增加带动了管道工业的发展，拉开管道建设序幕，依靠国内技术摸索，初步建成了连接东北、华北和华东地区的东部输油管网和川渝输气管网。20世纪80年代中期至90年代末，通过引进吸收国外先进技术和管理经验，管道建设加快。21世纪初至今，为管道建设快速发展期。管道作为五大运输方式之一，承担着我国70%的原油和99%的天然气运输。目前，我国长输干线管道近8万公里，海上油气管道近5000公里，已初步形成跨国境、跨区域的油气干线管网。为确保公共安全，我国逐步加强油气管道的安全立法工作，油气管道安全监管体制得到了发展。2002年颁布《安全生产法》（主席令第70号），2004年建立了全国油气田及输油气管道安全保护工作部际联席会议制度，成员单位包括公安部、中央综治办、发改委、国土资源部、中石油和中石化6个部门和单位，2006年增加了监察、工商、质检、环保、安监、国资和能源7个部门和单位。联席会议统筹研究油气田及输油气管道安全保护工作，协调解决涉油气田及输油气管道安全保护的重大问题，促进部门、地方协作配合，实现信息共享，建立长效机制，预防、打击涉油违法犯罪活动，维护国家油气资源、设施和生产安全。2009年5月27日，《安全生产监管监察职责和行政执法责任追究的暂行规定》审议通过。与国外发达国家相比，这只是一个行政管理条例，没有上升到法律高度。2010年颁布的《石油天然气管道保护法》（主席令第 30 号），是我国油气管道管理的主要法律，确定国务院能源主管部门主管全国管道保护工作，同时发挥管道经过地区地方人民政府对管道保护的职能，强调企业是维护管道安全的主要责任人。2011 年颁布的《危险化学品安全管理条例》（国务院令第 591 号）及其配套的《危险化学品输送管道安全管理规定》（国家安全监管总局令第 43 号）等法律法规，也对我国危险化学品输送管道的安全管理提出要求，安全监管部门负责油气长输管道安全监管综合工作，对新建、改建、扩建长输管道的建设项目进行安全条件审查。以此，油气成为危险化学品，进一步加强安全管理。2013 年，我国颁布了《特种设备安全法》。依据该法，油气长输管道作为压力管道的一种，生产（包括设计、制造、安装、改造、修理）、经营、使用、检测检验的安全监督管理部门为特种设备安全监督管理部门。为加强油气管道的安全设计、施工和运行管理，我国还先后发布了一系列标准规范。

四、价格监管演变

传统的行政性监管方式存在的最突出问题是价格监管。我国油气价格从单一计划价格体制转变为与国际市场有限的接轨，经历了几十年的历程。价格改革的总方向是按照市场规律，循序渐进，逐步与国际市场接轨。

2006 年，国家对成品油价格形成机制进行调整，改零售基准价格为最高零售价，并确定国内成品油价格实行政府指导价，零售基准价以出厂价格为基础，加流通环节差价确定，并允许企业在此基础上下浮动 8% 确定具体零售价格，并适当缩小流通环节差价。尽管从上述成品油定价机制调整中，看出了更多的市场灵活性，但该调整思路仍属于局部性调整，市场化改革方向还是长期目标。这种没有放开市场主体管制情况下的零售价格基准，由于中石油和中石化企业存在"最高零售价"下自主选择降价空间，就会导致掠夺现有民营企业竞争空间，对民营销售企业产生竞争压力。

2007 年成品油价格机制仍遵循 2006 年石油价格改革方案，即国内成品油价格与国际市场原油价格有控制地间接接轨的机制。这种间接接轨是在政策层面上对调控进行适当调整。

2008 年《关于实施成品油价格和税费改革的通知》提出，国产陆上原油价格继续实行与国际市场直接接轨。国内成品油价格继续与国际市场有控制地间接接轨。并在配套措施中提出继续发挥石油企业内部上下游利益调节机制作用。当国际市场原油价格大幅上涨，国家实施有控制地调整汽、柴油价格措施时，原油加工企业会出现暂时性困难，中石油、中石化两公司要继续按照石油企业内部上下游利益调节机制，平衡好内部利益关系，调动炼油企业生产积极性，保证市场供应。并完善相关行业价格联动机制，其中铁路货运价格等需要以法定程序，决定调整运价或燃油附加。其中的目的在于理顺成品油价格和原油的价格关系。

2013 年，国家发改委对现有的成品油定价机制进行了进一步调整，由原先的 22 个工作日调价周期缩短为 10 个工作日定期调整，取消了原先移动均价变化超过 4% 才进行调价的限制，并对原先的挂靠油种进行了适当调整。

目前，我国成品油价格机制已经实现与国际市场价格一定程度的接轨，调价方式更加灵活，并给予了企业一定的自主定价权。价格监管单位是国家发改委。

五、油气企业职能演变

20 世纪 80 年代，由于众多计划经济部门开始收缩。1982 年和 1983 年，分别成立了中国海洋石油总公司（简称"中海油"）和中国石油化工总公司（简称"中石化"），两大企业同时具有行政职能。

1988 年，中国政府进行了一次大规模的机构改革，撤销石油部，组建能源部，试图对中国的能源进行统一管理，撤销的石油部被改组为中国石油天然气总公司（简称"中石油"）。3 家石油企业进行了地域式的分工。中石油成立并由石油部、化工部及地方政府分得东北、华北、西北及四川的上中下游业务而形成，但以上游业务为主；中石化是由石油部、化工部及地方政府分得黄河以南的华中、华南和华东的石化上中下游业务而形成，包括燕山石化、天津石化，但以下游业务为主；中海油由石油部分得沿海地带及近海的上游业务，主要为海洋石油勘探与开发。

由于大型石油企业（中石油、中石化和中海油）反对，成立后的能源部仅仅管理煤炭和电力行业，且由于下属企业政企不分，对这两个行业的管理也难以贯彻，力度十分微弱。在各种压力下，1993 年，成立仅 5 年的能源部就被撤销。中国的能源管理再次分裂为煤炭部和电力部，石油行业则由几个大型企业自主管理。

1998 年，国家将化学工业部与中海油、中石油、中石化的行政职能合并，组建了国家石油和化学工业局，三大油气企业正式挂牌，实现政企分开。2001年，国家石油和化学工业局被撤销，并改组为中国石油和化学工业协会，负责石油化工行业的协调。3家油气企业作为国家石油公司，凭借国家赋予特许经营的地位，享受着其他行业所没有的权力，中石油和中石化两个特大型企业集团公司以黄河为界南北分治。目前在开采权方面，只有中石油、中石化和中海油等少数国有公司享有开采权，中石油和中石化主要对陆上石油资源实行上下游相结合，南北分治开采。国家授予中海油行使我国海上油气资源的勘探、开发和销售权。甚至在国外开采的原油也需要通过中石油和中石化设置的两道门槛。

六、油气行业监管现状

目前，我国石油天然气行业的监管涵盖了资源保护、价格和进出口许可、行业准入、投资审批以及环境、安全等多方面内容。

1.监管主体及其职能。油气监管涉及的政府部门包括国家能源委员会、国家发改委、国家能源局、国土资源部、财政部、商务部、科技部、国家环保局、国家安监总局、国家质检总局、国家税务总局等12个机构（其职能见第七章第五节）。在我国最新一轮体制改革中，电监会被并入国家能源局，电监会原有的电力市场监管职能扩充为对整体能源市场的监管，各区域及部分省会城市所设的电力监管办公室改为能源监管局或能源监管办公室。地方能源规划、政策与管理等职责，仍主要由地方发改委下属的能源局或能源处承担。他们既接受地方政府和地方发改委的领导，又接受国家发改委和国家能源局的指导。在国家能源局职能设置上，已经形成了"政监合一"的管理格局，但内部分工较为明确，各专业司局与地方发改委及地方能源局承担全国及地方能源规划、项目、政策与管理的职能，局内设置的市场监管司、安全监管司以及各区域和地方能源监管办承担能源市场监管职能。这一管理模式仍在试运行阶段，可望在未来的运行中，进一步完善。

国家能源局拟订油气开发、炼油发展规划、计划和政策并组织实施，承担国家石油、天然气储备管理工作，监督管理商业石油、天然气储备并监管油气市场合理运行。国家发改委统筹油气发展战略、规划、计划和政策措施。国土资源部、国家环保局、国家安监总局等分别承担其职责相关的油气行业监管职能。

2. 监管法律法规。主要包括《中华人民共和国矿产资源法》及其实施细则、《矿产资源开采登记管理办法》、《矿产资源勘查区块登记管理办法》、《矿产资源开采登记管理办法》以及《中华人民共和国环境保护法》、《中华人民共和国海洋环境保护法》、《中华人民共和国价格法》、《石油、天然气管道保护法》等。

以上法律法规是传统计划体制下及其逐步改革过程中形成，大都不适用于以市场体制为基础的油气行业的发展，并成为油气体制改革的阻碍。例如，矿产资源相关法律法规，明确国有矿山企业是开采矿产资源的主体，探矿权、采矿权转让设有严格的审批条件等，严重限制了社会资本进入的可能，主观上保护了少数国有企业对资源的控制。价格管理法律法规上，将油气作为资源稀缺的少数商品进行国家定价，不符合改革的方向和要求。石油天然气管道保护法律法规没有明确监管主体及其责任，对造成恶性事故及其危害的主体处罚过轻，无法起到惩戒和赔偿效果。环境保护法律法规中监管主体责任不清，对造成恶性事故及其危害的主体处罚过轻等。另外，现有法律法规体系中，缺乏石油天然气管道准入、运营和监管方面的规章制度，亟须制定出台石油天然气管道法。

3. 监管环节。在油气勘探开发环节，国家对战略物资油气资源的勘探开发实行一级监管，国土资源部对油气监管负责，直接向油气开采企业派遣油气开采督察员，对油气勘探开发进行监督，各地方政府对当地的油气资源勘探开发负有监管责任。在油气管道环节，投资建设由国家发改委等国家有关管理部门依据不同的权限审批、核准，运营管理方面基本上集中于三大油气企业，政府对油气管道的运营管理缺乏必要的监管。在石油炼制环节，国家对炼油工业的管理一直都采取整体布局、局部调整的方针，对炼油业实行原油配置总量控制管理。政府主要管理部门包括国家发改委、国家能源局、国务院国资委等，环保部、财政部、国税总局等部门也在各自职权范围内对炼油业实施监管。当前政府对炼油业的管理政策和措施主要包括：原油配置政策、投资准入政策、市场准入制度以及对大型炼油项目的核准与审批政策等。在石油储备环节，国家战略石油储备实行三级管理体系：管理层是国家发改委（国家能源局）；执行层是国家石油储备中心；由国家发改委代表国家出资成立的"石油储备基地公司"执行具体的石油储备运营管理工作。在石油进出口贸易环节：政府管理部门主要有商务部、海关总署、国税总局等。我国将石油进口贸易分为国营贸易和非国营贸易两种形式进行管理，对5家国营贸易企业实行进口自动许可管理，对非国营贸易进口企业实行配额管理。

第五节　油气管理部门及主要职责

现行的油气管理是以国家能源委员会为统领协调、各部门按职责分工负责的结构，基本形成了较为完整的具有中国特色的油气管理体制。主要部门、协会主要职责如下：

国家能源委员会：国务院非常设议事协调机构，负责研究拟订国家能源发展战略，审议能源安全和能源发展中的重大问题，统筹协调国内能源开发和能源国际合作的重大事项。

国家发展和改革委员会（含国家能源局）：负责产业、行业宏观管理。

国土资源部：负责油气资源管理。

国务院国有资产监督管理委员会：负责监管中央石油企业。

商务部：负责油气流通、进出口及外商投资、对外援助、对外投资管理。

财政部：负责资源财税管理。

工业和信息化部：负责油气能源节约和资源综合利用、技术装备管理。

环境保护部：负责油气开发利用环境保护。

国家安全生产总局：负责油气开发利用安全管理。

国家质检总局：负责油气安全生产的各种行业标准制定、监督执行。

国家税务总局：负责制定、收取油气资源税、矿区使用费和对外合作开发油气资源的实物税等。

科学技术部：负责油气领域科学技术发展。

行业协会：中国石油化工联合会、中国矿业联合会等，研究行业发展，反映行业诉求，加强行业自律。

参考文献

[1] 国土资源部油气资源战略研究中心：《国内外油气资源简明数据手册2014》，2014年8月。

[2] IEA，*World Energy Outlook*，Paris：IEA，2014.

[3] BP，《2035世界能源展望》，London：United Kingdom：BP, 2015.

[4] 德内拉·梅多、乔根·兰德斯、丹尼斯·梅多斯：《增长的极限》，机械工业出版社2013年版。

[5] BP，《世界能源统计年鉴》，London：United Kingdom：BP, 2015.

[6] 范必、徐以升、张萌、李东超：《世界能源新格局》，中国经济出版社2014年版。

[7] 国土资源部：《全国石油天然气资源勘查开采通报（2013年度)》，国土资源，2014年。

[8] Harold L. Sirkin，Michael Zinser，Justin Rose，*The Shifting Economics of Global Manufacturing*，August 19，2014.

［9］江泽民：《对中国能源问题的思考》，《上海交通大学学报》2008 年第 3 期，第 345—359 页。

［10］国发〔2011〕26 号文件《国务院关于印发"十二五"节能减排综合性工作方案的通知》。

［11］国发〔2013〕37 号文件《国务院关于印发大气污染防治行动计划的通知》。

［12］张抗：《中国油气改革的关键性路径思考》，http：//www. oilobserver.com/brilliant-opinion/article/1390，2015-01-05。

［13］王敏、徐晋涛、黄卓：《能源体制改革：有效的市场，有为的政府》，《国际经济评论》2014 年第 4 期，第 41—42 页。

［14］范必：《全产业链市场化改革初探》，《中国行政管理》2014 年第 6 期，第 43—45 页。

［15］《我国陆上油气管道总里程超 12 万公里》，《经济日报》2015 年 1 月 29 日。

［16］国务院：《能源发展战略行动计划（2014—2020 年)》；国家能源局：《2020 年天然气在一次能源消费占比将提高到 10% 以上》，http：//business.sohu.com/20141118/n406127084.shtml。

责任编辑:陆丽云

装帧设计:曹 春

图书在版编目(CIP)数据

中国油气改革报告/范必 等 著. —北京:人民出版社,2016.6

ISBN 978 - 7 - 01 - 016258 - 4

Ⅰ.①中… Ⅱ.①范… Ⅲ.①石油工业-经济体制改革-研究报告-中国
②天然气工业-经济体制改革-研究报告-中国 Ⅳ.①F426.22

中国版本图书馆 CIP 数据核字(2016)第 115086 号

中国油气改革报告
ZHONGGUO YOUQI GAIGE BAOGAO

范必 等 著

人民出版社 出版发行

(100706 北京市东城区隆福寺街 99 号)

北京盛通印刷股份有限公司印刷 新华书店经销

2016 年 6 月第 1 版 2016 年 6 月北京第 1 次印刷

开本:710 毫米×1000 毫米 1/16 印张:12.5

字数:145 千字

ISBN 978 - 7 - 01 - 016258 - 4 定价:60.00 元

邮购地址 100706 北京市东城区隆福寺街 99 号

人民东方图书销售中心 电话 (010)65250042 65289539

版权所有·侵权必究

凡购买本社图书,如有印制质量问题,我社负责调换。

服务电话:(010)65250042